新媒体时代传统文化发展与传播探索

任 滢 曾 媛 刘 凯 ◎著

哈尔滨出版社

HARBIN PUBLISHING HOUSE

图书在版编目（CIP）数据

新媒体时代传统文化发展与传播探索/任滢,曾媛,
刘凯著.--哈尔滨：哈尔滨出版社,2024.4
ISBN 978-7-5484-7867-6

Ⅰ.①新… Ⅱ.①任… ②曾… ③刘… Ⅲ.①中华文
化－文化发展－研究②中华文化－文化传播－研究 Ⅳ.
①G122②G125

中国国家版本馆CIP数据核字(2024)第091207号

书　　名：**新媒体时代传统文化发展与传播探索**
XINMEITI SHIDAI CHUANTONG WENHUA FAZHAN YU CHUANBO TANSUO

作　　者：任　滢　曾　媛　刘　凯　著
责任编辑：孙　迪

出版发行：哈尔滨出版社（Harbin Publishing House）
社　　址：哈尔滨市香坊区泰山路82-9号　邮编：150090
经　　销：全国新华书店
印　　刷：北京四海锦诚印刷技术有限公司
网　　址：www.hrbcbs.com
E－mail：hrbcbs@yeah.net
编辑版权热线：（0451）87900271　87900272
销售热线：（0451）87900202　87900203

开　　本：787mm×1092mm　1/16　印张：10.5　字数：210千字
版　　次：2025年3月第1版
印　　次：2025年3月第1次印刷
书　　号：ISBN 978-7-5484-7867-6
定　　价：68.00元

凡购本社图书发现印装错误，请与本社印制部联系调换。
服务热线：（0451）87900279

前　言

国家的富强、民族的强盛，是以文化的兴盛作为支撑点。要实现中华民族伟大复兴，实现中华民族的伟大梦想，中国传统文化的复兴，提高文化软实力是其重要内容和目标。社会主义核心价值观在精神价值维度上承继了中华优秀传统文化的精神内核和理念。中国优秀传统文化包含着中华民族普遍认同和广泛接受的思想品格、道德规范和精神价值取向，具有极为丰富的思想。因此，全社会，特别是年轻人要深入了解、学习传统文化，寻得民族的根，充分认识文化传承的现实意义，自觉地弘扬中国优秀传统文化，从而实现中国传统文化的复兴。

传统文化的传承，不仅取决于传统文化本身所具有的内在张力所彰显的蓬勃生命力，还取决于它是如何被传播，如何让大众接受的。新媒体时代，以互联网技术和数字化技术为手段，中国优秀传统文化如何实现传播的现代化转变，在新型媒体中如何展现，以及如何充分利用新媒体人人都可以进行传播的特点，发挥新媒体受众群体的主动性的优势，使中国传统文化发挥其在德育建设中的引领作用，是广大教育工作者需要深入思考的问题。

本书是新媒体时代传统文化发展与传播方向的书籍，本书从新媒体与新媒体传播入手，针对新媒体概述、新媒体中的传播理论进行了分析研究；另外，对传统文化的基本概念，传统文化的类型、特征与基本精神，传统文化发展的重大意义，传统文化发展的主要内容等做了一定的介绍；还剖析了新媒体时代传统文化发展策略与路径新媒体时代传统文化传播等内容；条理清晰，内容精炼，重点突出，选材新颖，具有实用性、综合性。

本书涉及的研究内容广泛，具有较强的综合性和应用性，加之编者水平有限、时间仓促，书中不妥之处在所难免，敬请读者批评指正，以便今后进一步修改，使之日臻完善。

目 录

第一章　新媒体与新媒体传播

第一节　新媒体概述

一、新媒体概念

（一）新媒体的定义

什么是新媒体，即如何定义新媒体？对此，国内学界与业界一直都各执一词，有的从技术的层面定义新媒体，有的从传播的层面界定新媒体，有的从内涵方面揭示新媒体，有的从外延方面表述新媒体，等等。科学而准确的概念是进行科学研究的必要前提，只有在准确把握概念的基础上，思想才能澄澈，思维才能深刻。

新媒体是指采用网络技术、数字技术、移动通信技术进行信息传递与接收的信息交流平台，包括固定终端与移动终端。它具备以下基本特征：以新技术为载体，以互动性为核心，以平台化为特色，以人性化为导向。一般来说，新媒体有狭义与广义之分，"狭义新媒体仅指区别于传统媒体的新型传媒，主要包括被称为第四媒体的互联网（以电脑为终端的计算机信息网络）和第五媒体的移动网络（以手机等移动通信工具为终端，基于移动通信技术的移动互联网服务以及电信网络增值服务等传播媒介形式），这两种新媒体，又可被统称为网络媒体。广义的新媒体则包括大量的新兴媒体，指依托于互联网、移动通信、数字技术等新电子信息技术而兴起的媒介形式，既包括网络媒体，又包括传统媒体运用新技术以及和新媒体融合而产生或发展出来的新媒体形式，例如电子书、电子纸、数字报、IPTV 等"。这里说得很清楚，狭义的新媒体是以互联网技术为内核，以电脑、手机等设备为终端，并通过与终端相适应或相匹配的方式来进行传播，它以网络媒体为代表。而广义的新媒体则是基于网络技术、数字技术和移动通信技术，通过互联网、无线通信网、卫星等渠道，向电脑、手机、电视机以及各类数字化电子屏等终端传播信息的媒体形态，包括网络媒体、数字电视、IPTV、车载电视、楼宇电视和手机媒体等。

以新技术为载体，是指新媒体的应用与运营以新技术为基础。网络技术、数字技术、移动通信技术的发明与普及，不仅为新媒体的诞生提供了技术支持，同时也为新媒体的运作提供了信息载体，使得信息能以超时空、多媒体、高保真的形式传播出去。可以说，新媒体的所有特征，都是建立在新技术提供的技术可能性的基础上。

双向互动是新媒体的本质特征。传统媒体的一个很大的弊端在于信息的单向流动。新媒体的出现突破了这一局限，它从根本上改变了信息传播的模式，也从根本上改变了传播者与受传者之间的关系。传播参与者在一个相对平等的条件下进行信息交流，媒体以往的告知功能变成了如今的沟通功能。这种沟通不仅体现在媒体与用户之间，还体现在用户与用户之间。可以说，新媒体的这一特征，不仅对于传统媒体，而且对于整个社会都将产生深远的影响。

新媒体搭建起一个信息交流平台，传统媒体与新媒体在这个平台上逐渐走向融合。新媒体的出现并不会导致传统媒体的消亡，二者会相互补充、共同发展。新媒体以其包容性的技术优势，接纳与汇聚了传统媒体的媒介属性。报刊、广播、电视等传统媒体只有在适应新媒体环境，与新媒体的新技术形式相互渗透之后，才能获得二次发展，如今数字化报纸、网络广播、手机电视等融合性媒体如雨后春笋般出现便是明证。新媒体改变了旧的媒介形态的特征，为新旧媒体的相互融合提供了可能。

人性化是所有媒介的发展方向：口语媒介转瞬即逝、不易储存，于是有了文字媒介；文字媒介无法大规模复制，于是出现了印刷媒介；印刷媒介难以克服时空的障碍，电子媒介便应运而生。可以说，每一种新型媒介的出现，必然是对以前媒介功能的补充与完善。新技术是其出现的基础，而人性化导向意味着技术围绕人们的需求而展开。新媒体的出现，满足了人们渴望发声、渴望分享的需求；满足了人们渴望交流、渴望互动的需求；满足了人们渴望以一个更快速、更便捷的方式获取与传播更多的个性化信息的需求。而在不远的将来，新媒体将带来真正的去中介化——人们在经历了部落社会的无中介、脱部落社会的中介化之后，正在迎来人与人之间交流的去中介化。届时，人们将欢欣鼓舞地迎接一个所有人与其他人都紧密相连的"地球村"时代。

（二）围绕新媒体概念的争议

对新媒体概念的讨论，大致可分为技术、传播、实务与调和四个派别。其中技术派侧重于从技术的角度去定义新媒体，强调技术进步在新媒体发展过程中的作用；传播派着重强调新媒体的传播特征，以及它对于传统的传播模式的影响与改变；实务派多是从实际运用的角度分析,其新媒体概念浅显直白、通俗易懂;调和派则是调和上述三个类别之间的差异,融合它们各自的特点,以概括的手法笼统地提出一个尽可能全面的新媒体概念。

1. 技术派的观点

持技术派观点的人认为,新媒体的内涵是在世界科学技术发生巨大进步的背景下,在社会信息传播领域出现的建立在数字技术基础上的能使传播信息大大扩展、传播速度大大加快、传播方式大大丰富、与传统媒体迥然相异的新型媒体,其外延包括数字广播电视、手机短信、互联网络等。这一派观点强调了科学技术在新媒体发展过程中的作用,指出了由于新技术的引入所带来的传播活动的整体变化。同时,它从外延与内涵两个角度去界定新媒体,避免了内涵定义的抽象与外延定义的宽泛。

它的缺点在于由于时代的局限性所带来的片面性,主要体现在:首先,当今新媒体已然运用了数字技术、网络技术和移动通信技术等多种技术手段,而不仅仅是它所提到的数字技术;其次,新媒体带来了传播活动方方面面的变革,特别是互动性与个性化,而不仅仅是传播信息、传播速度与传播方式方面的变化;最后,随着技术的进步与时代的发展,新媒体衍生出了许多新的形式,不只是它的外延定义中提到的那几类,而且数字广播电视、手机短信只能说是当时一种新出现的媒体,不是严格意义上的新媒体。

2. 传播派的观点

传播派认为,要从数字化、碎片化、话语权共享、全民出版四个方面解读新媒体,新媒体意味着技术的进步、传播语境的改变、传统话语权的解构和内容生产方式的转变。这一派观点指出了新媒体引发的传播领域的变化,上述四个方面对新媒体的解读,基本概括了新媒体的本质。同时,它也考虑到了传播技术和传播语境因素对于新媒体的影响,而二者的进步与改变正是新媒体产生与发展的主要驱动力。

但这不能算一个严格意义上的新媒体概念,只能算是对新媒体概念的描述与解读。尽管它比较全面地介绍了新媒体的主要特点,但没能以凝练的语言提出一个明确的新媒体定义。此外,它找到了新媒体同传播技术与传播语境的相关性,却没能发现它们之间的因果性,正是后者的变革而引发了前者的变迁。

3. 调和派的观点

持调和派观点的学者认为,新媒体是一个相对的概念,新相对于旧而言;新媒体是一个时间的概念,在一定的时间段内有代表这个时间段的新媒体形态;新媒体是一个发展的概念,它永远不会终结在某个固定的媒体形态上。这个定义几乎将人类历史上出现过的媒介都囊括在内,上文提到的界定新媒体概念发展阶段的三种媒体也都与这个定义相吻合。

它从时间维度去界定新媒体，解释新媒体，赋予新媒体概念与时俱进的特点。

凡事都有两面性，这种单维的概念界定也存在缺陷。首先，它从宏观的层面去把握新媒体的概念，指出了新媒体概念随着时间的推移而不断演进的特征，但未能指出新媒体的本质特征。其次，它概括了所有已经出现和将要出现的新媒体，但面面俱到并不是面面俱全，广度的代价是深度与精度的缺失。最后，定义需要逻辑的严谨性，是一种"什么是什么"的表述，后者必须能够高度概括前者的特征。而采用这种宽泛的概念来定义新媒体，可能造成新媒体概念的浅表化。

4. 实务派的观点

实务派认为，新媒体是技术迭代与社会互动模式革新共同孕育的产物，核心在于它能即时、交互地传播信息，跨越传统媒体界限，涵盖社交媒体、移动互联网、自媒体平台等多元形态。这一派观点强调，无论技术如何演化，新媒体的本质特征在于用户参与度高、内容个性化强、传播速度快以及数据分析驱动决策，这些特质彻底改变了信息的创造、分发与消费流程。实务派更关注如何利用新媒体工具优化营销策略、增强品牌互动、促进公共参与及创新内容生产，以此实现商业目标与社会影响的最大化。在当下快速变化的媒体生态中，实务派坚持通过持续实践与效果反馈，不断探索新媒体的边界与潜能，力图在技术洪流与市场需求间找到最佳平衡点。

二、新媒体的基本特征

关于新媒体的基本特征，有海量信息、超时空、全球化、分众化、个性化、多媒体性、交互性、即时性、综合性、开放性、平台性、低成本、检索便捷、虚拟性、延展性和融合性等各种说法，它们都从不同的角度揭示了新媒体的特性。与报刊、广播和电视等传统媒体相比，新媒体的基本特征主要表现为海量性、交互性、即时性和多媒体性。

（一）海量性

在传统媒体时代，报刊的版面无论有多少、广播和电视的时长无论有多长，它们的信息贮存与容量都是有限的。到了新媒体时代，这种状况才得到根本性的改变。新媒体借助网络传播技术、数字技术和移动通信技术，通过国际互联网向全球用户提供海量信息。

这种"海量信息"不仅数量众多、内容丰富，甚至包罗万象、无所不有，而且它们不受时间、数量和传播途径的限制，可以随时随地在互联网上进行传播与流动，这在之前的任何一种传统媒体上都无法实现。这些海量信息，既来自对人类既有知识的积淀与总结，又来自全球新媒体用户在互联网上的创造；这些新媒体用户借助各种固定终端和移动终端，通过互联网实现对这些海量信息的共享，并由此带来其工作、生活的一切领域发生改变。

（二）交互性

交互性，是新媒体区别于传统媒体的最重要也最本质的特征。在传统媒体时代，媒体机构与受众之间的关系是不平等的，即媒体机构负责传播，受众被动接受；前者主动，后者被动；传播模式为从传者到受众的单向传播。这种状况在新媒体时代得到彻底改变：受众（姑且称为"受众"，实际上在新媒体时代是没有严格意义上的"受众"）由单一的受众身份变为多元的参众、网众和用户身份；受众角色由被动变为主动；传播模式由"从传者到受众"的单向传播变为"传者与受众"双向互动传播。具体地说，其一，受众的身份与角色彻底改变，从被动身份到主动角色。传统媒体时代的受众，在传播过程中处于弱势地位，其身份是被动的接受者，面对媒体机构的强势作为，往往敢怒而不敢言。新媒体使受众的身份发生改变，由受众到参众、网众和用户，无论是参众、网众，还是用户，都强调的是受众的主动介入、积极参与；受众身份的改变使其在新媒体使用过程中扮演角色随之发生改变，由单一的被动接受者到多元的主动参与者，或者将二者融为一体，既是信息的接受者，又是信息的传播者。其二，彻底改变了传者与受众之间的不平等地位。过去的时代，媒体机构作为传播者，由其传播主导地位决定，对传播哪些内容，选择何种传播方式，一般是不顾及或者完全忽视受众的需要与感受的，往往居高临下，进行信息的编辑与传播；受众由于接收信息的渠道有限和自身的弱势地位，不得不选择沉默或者被动接受。

而在新媒体时代，参众、网众和用户的地位空前提升，他们不再是被动接受者和沉默者，而是选择积极参与、主动介入，对传播机构的强势行为选择"用脚"投票的方式加以否决，于是在与后者的博弈中彻底改变了之前的不平等地位。其三，彻底改变了"由传者到受众"的单向传播模式，变为"传者与受众之间双向互动式"的传播模式。在新媒体传播过程中，传者与受者之间的角色常常发生变化：在一次传播活动中，受者 A 可能是被动的接受者，是受者身份，但当他将这则信息转发出去，他就变成主动传播者 A，具有了传者身份；在这种不断地接收再转发、转发再接收的过程中，传者、受者的身份也不断地发生改变。因此，可以说交互性是新媒体最本质的特征。

（三）即时性

传统的报刊、广播、电视在新闻报道上是讲求时效性的，但是受技术和生产流程的制约与影响，新闻从采编到刊播出来之间总会有一个时间过程。报纸媒体今天采写的新闻，最快也要明天才能见报，期刊媒体的时间周期更长；广播、电视媒体今天上午采编的新闻至少要到今天中午或者下午才能播出（当然，现场直播除外）。新媒体不仅追求实效性，更把这种实效性推向极致——讲求传播的即时性。一方面，网络技术、数字技术、移动通信技术为人们应用QQ、微博、微信等新媒体形式消除了技术障碍，使人们可以借助这些新媒体形态进行即时传播、即时交流，诸如在线交流思想的点滴体会、行动的些微收获和片刻的心理变化等；另一方面，人们在现实生活中目击的新闻事件、拍摄的新闻图片、采写的现场短新闻等，则可以通过微博、微信等上传网络，成为新媒体的即时报道，并不断丰富新媒体的报道内容。因此，新媒体具有即时性的特征。正如新媒体对传播实效的不断追求，也使得人们的交往模式向即时在线转变。微博的简洁、手机的及时和便携，加上无线上网技术的成熟，使得人们可以随时随地进入网络获取信息并发布信息。但也正是因为网络的全方位覆盖，使得社会交往的速度越来越快，很多时候都要求人们及时甚至即时做出回应。新媒体所带来的这种全天候信息传播方式，使得人们的零碎时间被最大限度地整合，新媒体不断渗入个人生活的方方面面，最大限度地侵袭着人们的时间，使社会交往时刻处于即时在线的紧迫感中。

（四）多媒体性

报刊、广播、电视等传统媒体的表达形态比较单一：报刊是平面媒体，其表达形态以文字、图像为主；广播是声音媒体，其表达形态以声音为主；电视是声画媒体，其表达形态以声音、画面为主。新媒体运用数字技术，在媒体表达形态上突破传统的报刊、广播、电视的种种限制，将文字、图像、音频、视频和动画等多种媒体形态整合在一起传递信息，实现信息的多媒体传播或全媒体传播。当然，新媒体要实现多媒体传播，离不开超文本计算机技术。多媒体超文本是一种按信息之间关系非线性地存储、组织、管理和浏览信息的计算机技术。多媒体超文本是指通过超链接，在各种信息之间建立联系，对超链接图标做微小的一次键击，受众就可以通过几乎无处不在的横向链接（树形分枝检索）或纵向链接（导航）离开一个新闻网站而进入另外一个新闻网站。多媒体超文本链接改变了传统媒体的信息传播方式，使新闻网站的信息结构呈现非线性的特征，这种非线性可以使网络新闻在时间上无限延续，在空间上无限拓展，在保留旧有信息的前提下随时随地增添新的内容，进而实现以视频、音频、文字、动画、游戏、论坛的形式多角度地向人们传播新闻事件。换言之，新媒体借助数字技术和超文本的非线性信息组织方式，实现传统的报刊、广播、电视等多种媒体形式的互相融合，使新呈现的媒体形态，既可以是"可看"的文字、图像，又可以是"可听"的音频，还可以是"可观"的视频、动画。

三、新媒体表现形态

新媒体在不同的历史发展时期，其表现形态是不同的。Web1.0 时代由网站雇员主导生成内容，网络用户主要通过浏览器在搜索引擎、门户网站上获取信息，是信息的消费者。Web2.0 时代由网络用户主导而生成内容，他们由信息接受者变为信息制造者和传播者，主要通过社交网络服务（SNS）、博客（BLOG）、简易信息聚合（RSS）、对等网络（P2P）、即时通信（IM）等进行信息的生产与传播，更强调建立以兴趣为聚合点的社群，并进行信息聚合，在开放的平台上与其他用户分享信息。Web3.0 是对 Web2.0 的改进，在此环境下，用户不必在不同中心化的平台创建多种身份，而是能打造一个去中心化的通用数字身份体系，通行各个平台。Web4.0 是知识分配，Web4.0 会给很多社会领域带来新的机会，如更好的医疗服务、更具吸引力的教育和培训等。

如果说 Web1.0 是下载、浏览、搜寻，那么 Web2.0 就是上传、分享与创建交互，Wb3.0 被用来描述互联网潜在的下一阶段，一个运行在区块链技术上的"去中心化"的互联网，相对于 Web1.0～Web3.0，Web4.0 是 WEB 进化到更高阶的产物，是一种更加新兴的网络技术概念，它可连接互联网、移动端设备和特殊硬件，使得互联网可以被更多的安装点接入，从而更深入地支持全面的应用。

4G、5G 和移动互联网时代将移动通信和互联网结合在一起，它采用移动通信技术，通过智能移动终端，向人们提供信息和服务，进而搭建起便捷的社会交往平台和媒体融合平台，甚至人们生活和工作的平台。按照新媒体运用技术的不同，新媒体可分为网络媒体形态、数字媒体形态、移动通信媒体形态，同时，自媒体形态是新媒体区别于传统媒体的重要媒体形态，因而作为新媒体形态单独列出。

（一）网络媒体形态

网络，即互联网，其全称是国际互联网。网络媒体是继报刊、广播和电视之后最早出现的新媒体形态，因而被称为"第四媒体"。关于网络媒体的定义有很多，雷跃捷等的定义最简洁明了：网络媒体是借助国际互联网这个信息传播平台，以电脑、电视机以及移动电话等为终端，以文字、声音、图像等形式来传播新闻信息的一种数字化、多媒体的传播媒介。网络媒体形态包括搜索引擎、门户网站、垂直网站、视频网站、社交网站等。

1. 搜索引擎

搜索引擎，是在互联网上专门为用户提供信息检索服务的网络系统。它是按照一定的计算机程序在网络上搜寻信息，并依据特定的规则对这些信息进行加工处理，然后向用户提供信息搜寻与检索服务。搜索引擎的类型主要有目录式搜索引擎、全文搜索引擎、元搜索引擎、垂直搜索引擎等。

（1）目录式搜索引擎

它的工作原理是依据人工目录，按类搜索信息。搜索引擎首先提供一份由人工按照类别编排的网站目录列表，再在网站目录下细分出具体内容的子目录，子目录资料库保存着各网站的站名、网址和内容提要等，网络用户则按照这类子目录搜索相关的信息。

（2）全文搜索引擎

与目录式搜索引擎不同，全文搜索引擎是全文扫描，建立索引，并按照索引查找，即借助计算机索引程序，对文章中的每个词进行扫描，确定其出现的次数与位置，并建立相应的索引；当用户搜索该文时，该检索程序就会依据先前建立的索引进行搜索，并将搜索结果反馈给用户。

（3）元搜索引擎

它的工作原理是一个用户界面，多个搜索引擎。即将用户的查找请求发送到多个搜索引擎上进行信息检索，再用同一界面将搜索结果提供给用户。元搜索引擎没有自己的独立数据库，而是调用多个搜索引擎的搜索结果，以统一的格式在同一界面上集中显示。元搜索引擎由于处于多个搜索引擎上，借助分布于网络的多种检索工具进行全局控制，所以又被称为"搜索引擎的搜索引擎"。

（4）垂直搜索引擎

它是针对某一特定行业的专业搜索引擎，是全文搜索引擎的细分和延伸，具有"专、精、深"的特点。它的工作原理是用网络蜘蛛在互联网上不断搜集页面，再按照对象不同，对搜集到的网页所包含的信息进行区分，然后分门别类地将内容信息集成到对象信息库中。在网络抓取、对象分类和内容集成之后，垂直搜索引擎就可以利用这些结构化的对象信息为用户的特定需求提供全面、专业、有深度的服务。

2. 门户网站

门户，原意为入口、正门，现在多指互联网上的门户网站和企业应用系统的门户系统。门户网站，由英文的"Portalsite"翻译而来，属于网络内容提供商（ICP）的一种，指的是将互联网上浩繁多样的信息按照一定的规则进行整理、分类以后提供给搜索引擎，以便用户能够快速找到所需信息的网站。门户网站最初提供的是搜索服务和目录服务，随着互联网的发展和竞争的加剧，门户网站也迅速地拓展各种新的业务类型以吸引和留住互联网用户，从新闻信息、娱乐资讯到搜索引擎、电子邮箱、增值服务，门户网站的业务包罗万象、应有尽有，因而有"网络超市""网络世界的'百货商场'"之称。根据门户网站主要服务对象的地域特征，可以分为综合门户网站和地方门户网站。综合门户网站面向的是全国乃至全球范围内的互联网用户，以提供综合型的新闻信息、娱乐资讯为主，也提供搜索引擎、网络邮箱、在线游戏、移动增值等其他产品，拥有庞大的用户群体和较高的流量来源，影响力比较广泛。目前，综合门户网站明显存在着盈利模式比较单一、同质化竞争严重等问题。随着互联网个性化风潮的来临，综合门户网站还需要进一步在分析用户需求的基础上，不断创新产品和提高服务，打造个性化、独特性的品牌风格，才能建立利润屏障，获得行业竞争优势。地方门户网站指的是通向地方综合性互联网信息资源并提供信息服务的地方综合网站系统。它最基本的特征是有着强烈的地方属性，以服务于当地互联网用户为宗旨，主要为当地用户提供地方的新闻资讯、房产信息、招聘求职、商场促销、旅游招商、文化历史等特色信息。这些信息一般都是跟当地用户的生活息息相关的，具有针对性、实用性和互动性。

3. 垂直网站

垂直网站，也被称为专业化网站，是指针对某一特定领域、群体或某些特殊需求而提供与之相关的深度信息和服务的网站。与大而全的综合性网站不同的是，垂直网站的定位非常清晰，它力求提供某个领域内最全面、丰富的信息和最专业的服务，针对性强、专业化程度高和服务的深度性是其最显著的特点。

目前，国内的垂直网站用户覆盖数比较多的主要有博客类、在线视频类网站、行业新闻类网站、分类网站、房产网站、汽车网站等。随着中国网民成熟度的提升，分众化趋势开始日益明朗，网民对垂直信息和服务的需求呈现出比较乐观的发展趋势。因此，对垂直网站而言，探索适合自身的盈利模式和经营策略显得十分重要。

4. 视频网站

视频网站是以视频作为技术平台和经营平台的网络媒体，它让互联网用户在线发布、浏览和分享视频作品。在我国，要开办和经营视频网站，必须取得国家广播电视总局发的"信息网络传播视听节目许可证"，即获得互联网视频牌照。近年来，无论是 P2P 直播网站、BT 下载网站，还是视频播放网站，抑或是视频点播网站，都将自己争夺的重点放在影视点播上，这种现象值得关注。在盈利模式上，有些视频网站通过让广告商给频道冠名收取费用，另一些以向注册用户提供没有广告的服务借以收取费用，还有一些找到了合作伙伴共同进军电子商务和网络游戏市场。所以，盈利模式不清晰导致我国网络视频市场尽管发展很快，但很少有企业实现盈利。

5. 社交网站

在互联网领域，英文缩写 SNS 有三层含义。其一是指 Social Network Service 这个含义的范畴最广，指的是帮助人们建立社交网络的互联网应用服务；其二是 Social Network Software，指采用 P2P 技术构建社会网络的软件；其三是 Social Network Site，是用来建立社会关系的网站，即社交网站。虽然三者侧重点有所不同，但这三个词界定的事情都是将人的社会化及社会关系的建立与维系当作核心。

虽然对于 SNS 而言最普遍的定义是 Social Network Service，但是严格来讲，国内的 SNS 指的都是社交网站而非社交网络服务，SNS 主要是指社交网站或者社交网。社交网站的特点表现为用户具有相同的属性和较高的黏性，成员之间的互动频繁，呈现出较高的群组聚合性。

SNS 作为一种社交网站，延伸了人类的交往能力和交往范围。SNS 是一种利用互联网实现人与人之间关系的建立和维系的社交平台，是对现实生活中人际交往的虚拟化补充，它不仅能够降低社交成本，而且可以最大限度地帮助用户拓展有价值的人脉资源。

（二）数字媒体形态

数字媒体是建立在数字技术基础上的新兴媒体，由此衍生的媒体形态就是数字媒体形态。按照百度百科的解释，数字媒体是指以二进制数的形式记录、处理、传播、获取过程的信息载体，这些载体包括数字化的文字、图形、图像、声音、视频影像和动画等感觉媒体和对这些感觉媒体的编码等，统称为逻辑媒体，以及存储、传输、显示逻辑媒体的实物媒体。但通常意义上所说的数字媒体指感觉媒体。数字媒体形态包括数字广播媒体、数字电视媒体和交互式网络电视（IPTV）等。

1. 数字广播媒体

在数字媒体时代，数字广播媒体拥有主动性、互动性和个性化等新属性，同时具有了高保真、传播内容大、不受时空限制和成本低廉的优势，并且建立在数字技术基础上的数字广播媒体有多种传播形态，具体表现为无线网络广播、卫星广播、手机广播、数字地面广播等。

2. 数字电视媒体

数字电视，又称为数位电视或数码电视，是与模拟电视相对的，是指从节目的采集、制作、编辑、播出、传输、接收的全过程都采用数字技术的电视系统。数字电视的具体传输过程是由电视台送出的图像及声音信号，经数字压缩和数字调制后，形成数字电视信号，经过卫星、地面无线广播或有线电缆等方式传送，由数字电视的接收器接收后，通过数字解调和数字视音频解码处理还原出原来的图像及伴音。因为全过程均采用数字技术处理，因此，信号损失小，接收效果好。与模拟电视相比，数字电视具有图像质量高、节目容量大（是模拟电视传输通道节目容量的 10 倍以上）和伴音效果好的特点。数字电视提供的最重要的服务是视频点播（VOD），它有效地提高了节目的参与性、互动性和针对性，因此，在可以预见的未来，电视将朝着点播模式的方向发展。此外，数字电视还提供了数据传送、图文广播、上网服务等服务，用户能够使用电视进行股票交易、信息查询、网上冲浪等，此举赋予了电视新的用途，扩展了新的功能，把电视由封闭的窗户变成了交流的平台。数字电视改变了从摄像机到发射塔各个方面，颠覆了现有的节目制作与发行的基础；它要求建立新的机制以补偿内容提供商和发行商，因为在这样一个世界里，传统的广告可以被选择性地跳过，而轻轻地一按就可以进行完美的复制与传播；它还要求开发新的工具，能为观众提供在令人眼花缭乱的节目和新业务中快速搜索的导航服务，就像互联网的浏览器帮助我们在互联网上找到我们的路一样。

3. IPTV

IPTV，即交互式网络电视，是一种利用宽带互联网的基础设施，以家用电视机、个人电脑和手机为接收终端，集互联网、多媒体、通信、广播电视及下一代网络等基本技术于一体，借助互联网协议，向家庭和个人用户提供包括数字电视在内的多种交互式服务的新媒体形态，用户在家里可以通过计算机、网络机顶盒+普通电视机和移动设备（手机、平板等）三种方式享受 IPTV 服务。按照百度百科的说法，从 NGN（下一代网络，又称为次世代网络）概念与定义来看，IPTV 属 TriplePlay（语音、数据、视像三重播放业务）范畴，是一种宽带网络业务，涉及多媒体、视频业务，它利用各种宽网络基础设施，通过有利于多业务增值的 IP 协议，提供包括视频节目在内的各种数字媒体交互性业务，实现宽带 IP 多媒体信息服务。IPTV 既不同于传统的模拟式有线电视，也不同于经典的数字电视，因为传统的模拟式有线电视和经典的数字电视都具有频分制、业定时、单向广播等特点。尽管经典的数字电视相对于模拟电视有许多技术革新，但只是信号形式的改变，没有触及媒体内容的传播方式。相比较而言，IPTV 的最大优势在于它的交互性，而数字电视的最大优点在于其图像的高清。

（三）移动通信媒体形态

移动通信媒体形态，即手机媒体形态，它是将移动通信与互联网结合在一起的媒体形态，是继报刊、广播、电视和网络媒体之后的"第五媒体"。人类进入智能手机时代以后，手机不仅是用来打电话的通信工具，而且还可以进行阅读、看视频，成为名副其实的媒体形态。

1. 短信、彩信

短信的英文名是 SMS，是 Short Message Service 的缩写，用户通过手机或其他电信终端，直接发送或接收的文字或数字信息。按照设置，用户每次能接收和发送短信的字符数，是 160 个英文字符或数字字符，或者 70 个中文字符。

彩信，即 MMS，是 Multimedia Message Service 的简称，中文名为多媒体信息服务，通常又称为彩信。与短信相比，彩信的特色是应用多媒体功能，传递功能全面的内容和信息，这些信息包括文字、图片、数据、动画、音频和视频等多媒体信息。

2. 手机报纸

手机报纸，又称为手机报，是整合、编辑传统报纸信息，使之变成适合在手机上观看的新闻，再通过基于 GPRS 等无线网络技术的彩信业务平台，将其发送到用户的手机上，或者用户利用 WAP 连接到网络直接浏览信息的全新传播模式。手机报纸图文并茂，在观感上更加接近传统报纸。手机报的出现不是偶然的。它是科学技术迅猛发展、电信技术突飞猛进、传统媒体应对挑战的产物，是传统媒体和电信媒体联姻的成果。它是传统报业继创办网络版、兴办网站之后，跻身电子媒体的又一举措，是报业开发新媒体的一种特殊方式。

3. 手机期刊

手机期刊，又称为手机电子杂志，是指直接在手机上阅读的多媒体资讯杂志。它突破网络电子杂志的局限，传播内容图文并茂，无须网络，无须下载，直接在手机上阅读，方便快捷。手机期刊具有精准传播（推送）、成本更低、携带方便和环保时尚等特色。

4. 手机图书

手机图书，又叫手机电子书，主要指通过手机阅读的电子图书。伴随着移动通信技术的成熟和手机的普及，通过手机看小说在国内已经成为一种时尚和潮流。当前，手机电子图书文件主要有 UMD、WMLC、JAVA（包括 JAR 和 JAD）、TXT、BRM 等几种格式。

5. 手机电视

手机电视，是基于 Android 平台的在线音视频播放和分享应用，为用户提供电视频道和音频广播直播，是以手机等便携式移动终端设备，传播视听内容的一项技术或应用。手机电视融合多种媒体特性，将电视媒体的直观性、广播媒体的便携性、报纸媒体的滞留性和网络媒体的交互性融为一体。因此，手机电视不仅能够提供传统的音视频节目，而且还可以借助无线网络完成交互功能，更利于多媒体增值业务的开展。

（四）自媒体形态

自媒体的英文名为 WeMedia，又称"公民媒体"或"个人媒体"，它既是一种以个人传播为主的媒体形态，又是一种个性化、平民化、自主性极强的信息传播方式，它主要借助博客、播客、微博、微信、论坛（BBS）等信息传播平台，向社会公众或者特定个人传递信息的新媒体形态的总称。

在传统媒体时代，信息传播活动由专业媒体机构主导，它们在新闻报道时通过议程设置，强化主流媒体声音，告诉社会公众哪些是对的或者哪些是错的，人们在此过程中只是扮演被动接受者，即"受众"的角色，没有主动性可言。新媒体时代来临以后，由专业媒体机构把持的信息传播活动逐渐被"去中心化"取代，"主流媒体声音"也渐次被碎片化和个性化所淹没，每一个人都在从自己获得的资讯中对事物做出主观价值判断。与由专业媒体机构主导的信息传播不同，自媒体是由普通大众主导的信息传播活动，它将传统媒体时代由"点到面"的传播，转化为自媒体时代从"点到点"的传播，是用户与用户之间的一种对等的传播活动。因此，从根本上说，自媒体是一种以个人传播为主的媒体形态，即人们常说的"人人都有麦克风，人人都是记者，人人都是新闻传播者"。同时，它还是一种为个体提供信息生产、积累与共享，传播内容兼具私密性和公开性的信息传播方式。

第二节　新媒体中的传播

一、新媒体的传播模式

传播是一个从传者到受者的信息流通过程。在实际生活中，人类的传播活动具有普遍性，传播各组成要素之间相互联系、作用，但按照系统理论观点，它同时还是一个与社会大系统中各个组成部分发生多边关系的子系统，这就使得传播系统及其结构纷繁复杂。研究信息传播的基本过程，采用系统理论观点下的模式化方法是一个好选择。用模式化方法去研究传播的内在结构以及构成的诸多要素之间的关系，能够使复杂的传播结构直观且简化，能够使无止境、循环往复的传播过程固定化、静止化，从而能够进一步认识和研究传播的特点与规律。传播学研究中采用模式化方法建构传播模式，实际上就是科学地、抽象地在理论上把握传播的基本结构与过程，描述其中的要素、环节及相关变量的关系。这种模式方法对传统媒体和网络新媒体的传播研究都简捷有效。

网络新媒体是建立在数字技术发展的基础上的。但网络新媒体并非一种全新的、独立的媒体，它更多的是作为一种手段、载体、中介、技术平台，通过传播的内在过程，影响到传播的方式、形式、形态或效果甚至理念，新旧之分只是相对的，媒体的数字化只是反映了传播的媒体表现形式的变化而不是对既有传播通道的取代。在传播的意义上，网络新媒体与传统媒体是一致的，都致力于对传播目的的深化和完善。

传播学一般将传播形态分为自我传播、人际传播、群体传播、组织传播、大众传播等。网络新媒体常见的信息传递方式有广播、组播、点播、P2P 等。尽管在某些表现形式或运用方式上两者还有显著区别，但在传播特点上它们有着高度的一致性。大众传播可以说就是一对多（不知道确切的受众）的广播，群体传播和组织传播是组播，人际传播就是点播或者 P2P。由此，网络新媒体的传播模式仍可以在传统媒体的传播模式中得到解释。

（一）媒体传播的基本模式

1. SMCR 模式

SMCR 模式又称贝罗模式，其中 S 代表信息源 source，M 代表信息 message，C 代表通道 channel，R 代表接收者 receiver。SMCR 模式明确而形象地说明了影响信息源、接收者和信息传播的条件，说明信息传播可以通过不同的方式和渠道，而最终效果不是由传播过程中某一部分决定的，而是由组成传播过程的信息源、信息、通道和接收者四部分以及它们之间的关系共同决定的，传播过程中每一组成部分又受其自身因素的制约。

SMCR 是传播过程的一种基本模式，它简要分析了信息在从信息源→信息→通道→接收者然后返回到信息源的来回传递这一过程中的信息交流。此模式可应用于人类传播的所有形式。

从传播方式看，人类社会的传播经历了口语传播、模拟技术传播和数字新媒体传播三个阶段。

①口语传播是典型的点对点、面对面的对话式人际循环传播。它提供了面对面的可观、可听、可感的交流情境，此时传播的主体互为传者和受者，成为传播的施动者。媒体使用的主要是口头语言和非语言（如动作、眼神、面部表情等）。人际传播的信息交换有了在场性，因而突出地显示了传播的本质。施动者间的传播不仅是双向的，而且是循环的，不一定有明确的过程。受传播施动者的生理限度以及时间、空间局限的影响，施动者之间传播的信息量小，信息范围狭窄，信息质量很难保证，因此很少能满足双方可接受的、接收能力范围内的信息量与质的需求。

②模拟技术传播阶段的显著特征是大众单向传播。如文字描述是对现实的模拟，难以做到对现实的完全复现。印刷技术是批量复制技术，它的产品很难被及时修改。电子模拟技术在不断的传播中容易使信息失真、扭曲。这些都是大众单向传播的基本特点。大众传播是媒体组织采用现代机器设备，大批复制并迅速传播信息，从而广泛影响受众的过程。这种有计划的、一对多的、大批量发散信息的传播，使人们能实现跨时空的、大范围的交流。但传统大众传播是单向性传播，信息反馈渠道不畅、反馈功能不强。大批经媒体组织编译、整理、复制的信息封闭式地传递给被简约化、同质化了的受众，容易造成社会意识的单一化，形成对社会舆论的控制，传播效率难以进一步提高。

③数字新媒体传播阶段的最大特征就是大众互动传播。数字媒体的出现及其技术的不断创新与扩散，使得传统大众单向性传播迈入了数字新媒体传播时代的新阶段。这个还处于继续发展中的阶段，其主导特征就是互动式传播，而且是大众性的双向互动式传播。网络新媒体传播融合了传统媒体良好的传播功能，在更高层次上体现了真正意义上的传播特性。

2. 奥斯古德-施拉姆循环模式

威尔伯·施拉姆在奥斯古德（Charles Egerton Osgood）的传播模式的基础上，提出了传播的循环模式。这一模式突出了信息传播过程的循环性，强调在传播中信息会产生反馈，并为传播双方所共享。另外，它对以前单向直线模式的另一个突破是：更强调传授双方的相互转化。它对传统的单向直线模式是一个补充。

如果将这一模式与网络新媒体中的互动电视（如网络电视、手机电视等）传播过程相对照，就会发现它们之间有着惊人的相似之处。

无论是利用 SMCR 模式还是利用奥斯古德—施拉姆循环模式来表征数字新媒体传播的基本模式，都可以清楚地发现在数字新媒体的传播过程中，互动传播和即时传播是数字新媒体传播最显著的共性特征。因此，这些传播模式对研究各类数字新媒体传播具有较为基础和广泛的示范意义。

3. 5W 模式与交互传播模式

哈罗德·拉斯韦尔提出的传播过程就是：谁（who）→说什么（say what）→通过什么渠道（in which channel）→对谁（to whom）→有何效果（with what effects），这一模式被称为拉斯韦尔模式，又称 5W 模式。

5W 模式可以普遍应用于大众传播，其奠定了传播学研究的范围和基本内容。在 5W 模式中，信息的传播是单向一维的，传播者与接收者身份行为区分明显。这一传播模式虽然较好地概括说明了传统大众媒体单向传播的路径，但显然无法反映当今绝大多数网络新媒体的传播过程与传播规律。在许多新媒体中，尤其是在即时交互的网络新媒体中，比如手机媒体、网络即时通信等，接收者同时又是信息的传播者。决定传播能否发生的关键因素不再是媒体组织的决定，而是该信息对接收者、传播者的价值和意义，只有当信息能有效地激发接收者主动向传播者转化，有效的传播才会发生，两者之间的角色融合使得信息传播的速度不断加快。

（二）网络新媒体的融合传播

网络新媒体的融合传播是一个复杂且具有高度综合性的问题，这在信息编码及传播介质两方面有充分体现。

由于新媒体是由各种数字化的元素组合而成，只是在格式和码率上有所区分，在传播过程中，媒体的内容信息都是以数字化元素形式出现。比如，描述文字信息的文本元素与描述电视节目的声音和图像元素，在传统模拟传播时代有很大差异，但在数字化媒体中则没有任何本质上的区别，这犹如将不同的信息编码方式进行了统一，为在传播的根本环节上不同类型的媒体相互融通提供了可能性。

传播介质方面也体现了网络新媒体传播的融合形态，由于数字传播技术介入媒体传播领域，不同的传播方式可以在同一个传输平台上实现，比如，借助数字交互技术，可以在广播电视网络中同时实现广播、组播和点播等，这种多样性的数字传播方式使得不同的传播方式整合成了一种数字媒体传播。

1. 新媒体内容的数字化

在技术层面上，由于数字技术的发展和应用，广播电视、语音、数据等信号都可以通过统一编码进行传输和交换，成为统一的"0"和"1"比特流。在数字世界里，媒体不再是信息，它是信息的化身。一条信息可能有多个化身，从相同的数据中自然生成。所有传播的信息都可以通过"0"和"1"的组合形式表现出来，统一数字化的媒体弱化了众多媒体的差异，最后整合为一种传播媒体，也就是数字传播媒体。

从传播历史进程来看，口语传播、文字传播、印刷传播、电子传播的发展是一个依次叠加的进程，在媒体数字化之后，这些传播活动方式可能在一个平台上汇集，即互联网传播。根据国际电信联盟对媒体的分类，感觉、表述、表现、储存媒体（如声音、文字、图形和图像），语音编码、图像编码等各种编码，硬盘、光盘等存储媒体，都可以整合到一台计算机中，使计算机成为一个综合性的传播媒体。

数字新媒体的传播媒体整合形态典型地体现在互联网等传播平台上。这种平台系统集声音、图像、数据于一体，并有按需存储和交互功能。信息的数字化涵盖会话、数字、文字、图形、音乐、电影和游戏等内容，使各种信息能被计算机储存、处理和传输。数据库里的信息和处理程序可以由其他用户自由访问、传送、直接使用或存储。另外，这种系统是交互式的，通过简单的设备，所有的信息站点和用户都能互联。用户可以与其他用户或站点相连，也可以从站点或其他用户那里得到直接或单独的回应。

2. 新媒体传播的数字化

人际传播是个体与个体之间的信息交流活动，因此交互性是人际传播的主要优势。但是，传统人际传播的范围非常有限，且传播资源也相对匮乏，这是人际传播天然的不足之处。

大众传播是指专门的传播机构通过特定的技术手段或工具向为数众多的、分散的受众进行的大规模信息传播活动。大众传播超越了人际传播及组织传播的局限，可以通过传播媒体把信息传播给为数众多的、地域分散的广大受众。但是大众传播是单向的传播，信息的及时反馈和交互无法实现，因此传播的深度和效果远不如人际传播。

在网络新媒体传播方式中，点播和 P2P 就是一种在数字技术背景下实现的新的人际传播，借助于数字技术和网络技术，突破了传统人际传播的范围有限和资源匮乏的缺陷。大众传播方面，对传统媒体数字化之后产生的数字电视广播、数字音频广播等，目前仍然是主流媒体。但是，随着数字新媒体技术的进一步发展与提升，这种数字化的大众媒体也突破了自身所具有的大众传播的局限和特质，不仅融入了组织传播的功能，还融入了更多的交互功能，也逐步呈现了人际传播的特质。

由此可见，网络新媒体的传播就是借助数字传播技术将人类社会的各种传播形态有机整合，充分发挥各种手段的优势，形成人类媒体传播的新形态。特别是人际传播与大众传播结合的传播方式，一方面加强了大众传播的深度，另一方面扩大了人际传播的范围和增加了人际传播的信息资源。正是这种高度整合的社会性传播，加快了信息传播的速度，提高了信息传播的容量，降低了信息传播的成本，加强了信息传播的效果，数字新媒体传播整合将成为当今数字新媒体传播的一种趋势。

二、新媒体的传播特征与属性

通过对网络新媒体的传播模式的分析可以发现，由于数字技术和网络技术介入传媒领域，原先各种传统媒体单一的传播特质发生了深刻变革，演变成一种高度交叉或融合的社会性传播，从而显现出新媒体有别于传统媒体的特有的传播特征与属性。随着网络新媒体技术进一步发展与应用，传统媒体不断数字化，新的数字媒体层出不穷，传媒服务平台日新月异，网络新媒体显著的传播优势会得到进一步的体现。

（一）新媒体的传播特征

1. 数字化传播

数字媒体是由数字化的元素组合而成的，不同媒体形式之间没有实质差别，只有格式的区分。如一个电视节目的画面、声音只能由多少码率的传输流组成。一个文字文件可以是 txt 格式，也可以是 PDF 格式。由于媒体的数字化，用来描述一张报纸报道的文本元素与用来描述一个广播电视节目的声音或图像元素没有本质上的区别。数字化的媒体可以实现更加简洁多样的传播，这样观众可以通过执行筛选、复制、下载、储存、添加、转发、搜索、链接、整合等程序指令把媒体元素打散，按照自己的需要进行组合以获取信息。

2. 复合化传播

复合化传播指网络新媒体的传播同时兼具自我传播、人际传播、组织传播和大众传播等不同的形态。早期的个人网站，后来的博客，再到移动端的微博、微信，网民发出信息，自己也浏览自己发出的信息，在这个过程中，信息的发出者和接收者是同一个人，它存在的反馈，是由人的自我感觉和自我意识构成的，这不就是自我传播吗？网络新媒体中的电子邮件、私聊，展示的是个人与个人之间的信息传播，体现了人际的传播，由于网络突破了时间和空间的限制，其平台上的人际传播拥有了更大的广泛性、偶然性和多重性，甚至陌生网友之间的匿名性。很多单位、企业、公司都有自己的办公系统，加上 QQ 群、微信群，共同目标和协作意愿特别明显，这显然是组织传播的网络化。网站新闻栏目、网络新闻 App、官微、微信公众号，它们拥有专业信息传播者，通过一定的机构和技术向大量分散、不确定的受众传播信息，完全展示了大众传播的意图。网络传播融合了自我传播、人际传播、组织传播、大众传播等诸多传播类型，也可以说这 4 种类型的传播交织在一起，形成一种散布型网状传播结构。

3. 积极性传播

从大众传播模式的分析可以看出，对受众来说，传统大众媒体基本是被动性传播，受众在传播过程中的作用往往只是被动接受，被动地扮演信息接收者的角色。无论是报纸、杂志等平面媒体，还是广播、电视等电子媒体，受众都处于同样的地位，传统媒介将信息"推"（Push）给受众。

而在网络上，受众自己选择"拉"（Pull）出信息。网络新媒体极大地提高了用户主动选择的可能性和可行性，新媒体的特性使主动化传播得到体现。比如，用户在阅读数字报刊时，可以随时发表自己的见解，提出补充或修改意见。也可以在观看视频时根据自己的时间安排和喜好，自由选择观看时间和方式。在观看体育赛事转播时，可以自由选择观看的角度（机位）和场面。另外，用户在计算机前可以主动地、不时地做出选择、发出指令，让计算机按照用户的意愿去工作。

4. 个性化传播

传统大众传播以群体化为取向，以满足大多数受众的需求为目的，提供给绝大多数受众的消费信息几乎一样，选择余地小且内容基本上是由传播者统一决定的。网络新媒体的发展使大众传播发生了根本变化。与传统媒体相比，新媒体的受众群体变得越来越小，但是影响变得越来越大，甚至能参与内容的制造。

在从传统的大众媒体向交互的新媒体转移的过程中，受众的权力是递增的。传播权力变化和转移的结果使个性化传播逐渐兴起，并成为网络新媒体又一个典型的传播特征。一方面强大的新媒体技术使得大众传播的覆盖面越来越大；另一方面又可以使传播的指向性越来越小，实现窄播直至个人化传播，以致个人化的双向交流成为现实。

（二）新媒体的传播属性

1. 交互性

在传播领域，交互常常被当作双向的同义词。交互传播一般指信息接收者能实时将信息反馈给信息源以修改传播内容。实际上人际传播的交互性是最典型的，谈话中两个人不仅轮流倾听对方，而且可以根据收到的变化信息及时调整他们的反应。传统大众传播也有一定的交互性，像报纸、杂志的读者来信，电台的听众热线，电视的现场参与等都包涵了传授之间的交互。

在网络新媒体中，由于计算机、智能手机、互联网等数字终端和网络技术的进步，媒体操作、处理、运算的性能得到了极大地改进和提升，交互响应越来越直接充分，有时甚至超越人的承受能力。比如，当用户查询某个资料、某条信息时，随即涌现出成百上千个选择，导致搜索者本人回应不及。网络新媒体优越的交互性还体现在它可以超越时空，并能提供多样化交互形式，如上网点击，回应的表现方式有文字、声音、图片、动态图像、影像等。在网络平台上，传授两方的反馈渠道不再薄弱，而是变得强大，往往还更有力、速度更快，传授纵向之间有反馈，且传授横向之间也有反馈，呈现出多元动态沟通的局面。

2. 人本性

传播作为一项社会行为，其根本目的是维护人的根本利益，促进社会的健康发展。最符合人的发展需要的信息传播，即人本性的传播，应该是自由的、充分的、便利的、有价值和有意义的，能满足个人生活和社会活动所需要的种种思想和精神的共享与交流。在数字加网络的新媒体时代，更加重视人的需求和感受，个人通过互联网、手机可以随时进行信息沟通，人际传播的性质和优势得到凸显和强化，传统的、倾向于无差异的广大受众，开始分隔为趣味相投的或者利害相关的小众，如各种网络社团、论坛群体、短信交友俱乐部等。在小众中，以某种共通的概念为表征，人们也许更容易找到志趣相投的伙伴，从而释放个人的意愿及表达空间，促进社会的多元化发展进程。

数字新媒体传播的人本性也体现在因数字技术提供的保障和便利让使用者可以根据自身的个性需求而有针对性地、有效地接收和传播信息。

3. 融合性

新媒体传播的融合性指所有的传播技术都快速地融合成一种普通的计算机可识别的数字形式。由于新媒体的基础技术是全世界一致的数字技术，信息传播可以轻易跨越媒体形态，甚至跨越国界。高性能的互联网络与数字电话、电子文件、计算机数据以及视频传输等自由结合，使每一个人都能在家里享受到全球一致的信息传播服务。

软件媒体的特征是可计算、可编程。他认为在计算机时代，电影以及其他已经成熟的文化形式，已经真切地变成了程序代码。它现在可以被用来沟通所有形态的资料与经验，并且其语言被编码在软件程序、硬设备的接口与预设状态中。通过数字的表现，一个物体按照一定的算法可以被数字化地描述，即媒体变成了可编程的媒体。旧媒体的重造依赖于原始的物体，而新媒体具有可变性，它允许读者可以选择性地组合要观看的内容。这样，新媒体成了计算机与文化之间的转换层的中心，即文化的电脑化逐渐使不同的文化类别进行了转换和融合。

4. 即时性

传播的即时性也称为实时性，指传播过程中传播者和接收者在时间的流程中同时存在、即时响应。在传统大众媒体传播时，报纸和杂志由于印刷本身的限制，无法达到即时，但是广播与电视作为电子媒体有实况直播，与受众可以同时存在。针对没有预设的事件、突发性事件，只有网络才能做到即时传播。尤其在移动网络已经普及的今天，智能手机、平板电脑如影随形，每一个突然事件的现场总有网友在场，即时传播总能实现。

5. 主动性

新媒体传播的主动性体现在使用者可以把媒体元素打散，并按照自己的需要进行组合，可以真正实现点播数字新媒体内容。比如，在数字电视播放时，用户可选择自己喜欢或需要的节目观看，也可以下载多个节目，然后通过剪接组成另一个节目样式。传统大众媒体传播是以"推"的方式发送信息，受众只能被动接受媒体推送的内容，而互联网上媒体传播要求受众用"拉"的方式获取信息，受众需要根据自己的喜好和需要，在信息海洋中挑选自己需要和适合的信息。很多网站采用门户方式允许用户选择一些想要的内容，如天气、体育、图片、新闻、电子邮件等。万维网上的搜索引擎使用户通过关键词来完成查询，预示着未来媒体可以由用户进行控制。

（三）新媒体的传播优势

传统媒体的传播和发展，走的都是同质化传播的路径，把相同或类似的信息，毫无区别地传达给受众。传统媒体高度同质化的传播，不仅仅是同质化的内容不断地重复传播，把传播对象也同质化，更重要的是在这种缺乏变异的传播过程中，受众被迫取消了个性，取消了独立意见的表达权，取消了参与意识，没有自主选择的余地。

数字新媒体的出现，首先带来的是海量信息，其次是互动性。两者都意味着某种程度上的自主选择权。信息传播在经历了传统大众媒体多年"点对面"式的集中传播后，又再次回归到传者与受者自主选择、自由定向的"点对点"式人际传播。这种无缝式的信息链接，是通过"点对点""点对面""面对点"和"面对面"四种典型化的数字新媒体传播模式有机融合而成。在"点对点"的新媒体传播模式中，不论是信息本身，还是信息的传播者或接收者，都是高度差异化的。

异质化传播是数字新媒体的本质优势，创造了一种新的个体化的公共媒体，建立了技术化的人际传播结构，历史性地提供了异质化信息的全球化传播。数字新媒体还原了人在大众化信息传播中的本体性，人不再被当作无差异的某个整体，这在人类历史上具有很重要的现实意义。

1. 传播损耗趋零

在传统媒体传播实践中，传播过程中的信息损耗难以避免。在传统大众媒体中，信息从制作者、传播者，最后到受众那里，经过了多次损耗（尤其是广播电视媒体传输环节的损耗最大），不能实现完全的真传播。这里的损耗既包括信息传输过程中的物理性变异、衰减，又包括对传播的信息内容所做的事实判断和价值判断，如编辑、审查等环节的影响。与传统媒体相比，新媒体在传播上的优势是信息在传递过程中几乎没有损耗，因为数字信号不容易被干扰或更改，只要基本的"0"和"1"模式仍然能被识别出来，原始的传送就能被还原。而且新媒体在很大程度上消解了传统媒体的权威性和把关人环节，信息传播过程中被人为干预或扭曲的可能性也大为降低。

2. 海量信息

传统媒体传播的信息量总会受到传媒介质特质的局限，达到基本限度后，哪怕想要在传播中增加少量信息，都需要付出更高的代价。如报社采取扩期、扩版的方式增加报纸容量，电视台则增加频道和播出时间，代价高昂，但成效非常有限。新媒体的介质采用数字化编码并使用数字化压缩技术，这样不但提高了信息的传播质量，也增加了信息存储容量和传输时的信道容量。网络中的超链接是一种非线性的信息组织方式，它被设计成模拟人类思维方式的文本，即数据中包含了与其他数据的链接，用户单击文本中加以标注的一些特殊的关键单词和图像，就能打开另一个文本，受众由此可以拥有前所未有的巨量信息，并且随时随地根据自己的需求和意愿，进行信息的多向传播。

3. 便利快捷

网络新媒体上的信息能够以光速进行传播，更快更便利地到达受众，不受气候、环境以及地理因素的影响。数字新媒体的日益普及为人们提供了更多方便快捷的信息接收渠道和信息传播途径。人类有两种基本的交流方式：说话和走路。但是，自人类诞生之日起，这两个功能就开始分割，直到手机横空出世，将这两种相对独立的功能整合起来，集于一身。手机之前的一切媒体，即使是最神奇的电脑也把说话和走路、生产和消费分割开来。唯独手机能够使人一边走路一边说话。于是，人就从机器跟前和紧闭的室内解放出来，进入大自然，漫游世界。无线移动的无线双向交流潜力，使手机成为信息传播最方便的媒体。

4. 成本低廉

新的传播媒体带来的一个变化是新技术删减了很多媒体机构中的中间层面的组织，并且将大众传媒业重新精简为小型的作坊行业。当然，大型的媒体公司仍然存在，实际上它们会变得比以前更为壮大，但是生产一种媒体产品所需要的人力大大缩减了。例如在一台计算机上编辑出版一些资料，不论是新闻简讯还是图书、杂志，只要一个人就足够了。由于数字技术的支持，一个人利用一台功能强劲的计算机可以制作一部完整的电影，而无须摄影棚、道具背景甚至演员。便携式摄像机、声频录音机和数码编辑器使得制作人足不出户便能创造出形形色色的"生命"。

从传播成本上看，通过网络新媒体传送和接收信息的成本也日益走低。数字化信息在传递中几乎没有损耗并且可以重复利用，这样可以节省大量的资源，受众利用信息而付出的成本也随之降低。

5. 多媒体传播

多媒体技术的应用是数字媒体融合发展的典型表现形式。数字及网络技术使新媒体的信息源内容及形式更加丰富多样，文本、图片、音频及视频糅合成媒体传播产品，成了当前新媒体传播的常态。文学作品有语音版本，新闻报道不仅有图片还有视频，对此人们已经习以为常。同时，多媒体综合传播还允许受众在接收信息时自行编排，重新组合成自己喜欢的结果。如将影视作品剪辑成恶搞视频、把喜欢的明星表情做成表情包等。这样一来，传播内容可以在文本、图形、图像和声音等信息间建立逻辑连接，能以不同的方式述说同一件事情，不同的人类感官经验都被触动。如果第一次传播的时候用文字，受众没明白，那么换个方式，用照片、图形、图解，若受众还有疑惑，则使用视频动态演示，信息内容在媒介的流动中得以立体地展现。

第二章　传统文化的基础知识

第一节　文化的基本范畴

一、文化的含义

文化的千古魅力在于其带给人类心灵的启迪和深远的影响。文化包含着广泛的知识与根植内心的修养，并可以将之活学活用，代代相传。

（一）文化的范畴

文化是天地万物的信息产生、融汇、渗透的过程，是以精神文明为导向的融汇、渗透。文化，是精神文明的保障和导向。文化是一个非常广泛的概念，给它下一个严格和精确的定义是一件非常困难的事情。不少哲学家、社会学家、人类学家、历史学家和语言学家一直努力，试图从各自学科的角度来界定文化的概念。

传统的观念对文化的诠释：文化是一种社会现象，它是由人类长期创造形成的产物，同时又是一种历史现象，是人类社会与历史的沉淀。确切地说，文化是凝结在物质之中又游离于物质之外的，能够被传承的国家或民族的历史、地理、风土人情、传统习俗、生活方式、文学艺术、行为规范、思维方式、价值观念等，它是人们相互之间进行交流时普遍被认可的一种能够传承的观念，是对客观世界感性上的知识与经验的升华。

（二）对"文化"一词的解读

"文化"一词在西方来源于拉丁文 cultura，原义是指农耕及对植物的培育。自 15 世纪以后，逐渐引申使用，把对人的品德和能力的培养也称之为文化。在中国的古籍中，"文"既指文字、文章、文采，又指礼乐制度、法律条文等。

"化"是"教化""教行"的意思。从社会治理的角度来讲，"文化"是指以礼乐制度教化百姓。汉代刘向在《说苑》中说："凡武之兴，谓不服也，文化不改，然后加诛。"此处"文化"一词与"武功"相对，含教化之意。南齐王融在《曲水诗序》中说："设神理以景俗，敷文化以柔远。"其"文化"一词也为文治教化之意。文化一词的中西两个来源，殊途同归，今人都用来指称人类社会的精神现象，抑或泛指人类所创造的一切物质产品和非物质产品的总和。历史学、人类学和社会学通常在广义上使用文化概念。

文化是相对于政治、经济而言的人类全部精神活动及其产品。文化，就词的释意来说，文就是"记录，表达和评述"，化就是"分析、理解和包容"。营销学在分析环境要素时对文化的理解比较通俗，概括为凡是人类后天学习所获得的知识和技能都是文化。可见，文化素养可以通过后天学习和领悟而积累。

文化的含义是社会学与其他人文科学研究的基本问题之一。广义的文化是指人类创造的一切物质产品和精神产品的总和。有的学者把文化分为"物质文化""制度文化"和"精神文化"三个种类。狭义的文化专指语言、文学、艺术及一切社会意识形式在内的精神产品。这是一种更为常用的概念，将文化看作人类所创造的精神财富，也就是将文化定义中的"制度文化"和"精神文化"作为狭义的文化概念，而不包括"物质文化"。

二、不同领域对文化概念的界定

（一）哲学家对文化的界定

从哲学角度解释文化，认为文化从本质上讲是哲学思想的表现形式。哲学的时代和地域性决定了文化的不同风格。一般来说，哲学思想的变革引起社会制度的变化，与之伴随的有对旧文化的镇压和新文化的兴起。

从存在主义的角度来讲，文化是对一个人或一群人的存在方式的描述。人们存在于自然中，同时也存在于历史和时代中；时间是一个人或一群人存在于自然中的重要平台；社会、国家和民族（家族）是一个人或一群人存在于历史和时代中的另一个重要平台；文化是指人们在这种存在过程中的言说或表述方式、交往或行为方式、意识或认知方式。文化不仅用于描述一群人的外在行为，文化还特别包括作为个体的人的自我的心灵意识和感知方式，一个人在回到自己内心世界时的一种自我对话、观察的方式。

（二）文化研究者对文化的界定

从文化研究的角度看，文化也不是绝对排他的。观念形态：包括价值观念、法律政治等；精神产品：文学艺术和一切知识成果，代表性的场所为博物馆与图书馆；生活方式：

衣食住行、民情风俗、生老病死以及社会生活的所有方面。

海洋文化学者李二和早在《舟船的诞生》和多篇文章中就曾指出：相信随着历史的发展和时间的推移，随着人类更理性地认识事物和探索世界，随着人类在科学文化上的逐步觉醒，人类会把文化辨析得更加清楚，进而从更宽泛的生命文化谱系中获益。李二和第一次将"文化"这个概念引入更开放、更宽容的生命思维高度，从而更真实地思考和解读文化。作为一种对文化与生命的独特思考现象，已经引起社会各界的普遍关注。

文化是智慧群族的一切群族社会现象与群族内在精神的既有、传承、创造、发展的总和。它包括智慧群族的过去和未来，是群族基于自然的基础上所有活动内容，是群族所有物质表象与精神内在的整体。

上述各种对文化的定义互有长短，反映了近现代人类学家、哲学家、社会学家等研究人员和学者对文化认识的历史过程。

三、文化释义

（一）文化是人文活动

"文化"乃是"人文化成"一语的缩写。此语出于《易经·贲卦·象辞》："刚柔交错，天文也；文明以止，人文也。观乎天文，以察时变，观乎人文，以化成天下。"所谓文，就是指一切现象或形相。天文就是指自然现象，也就是由阴阳、刚柔、正负、雌雄等两端力量交互作用而形成的错综复杂、多彩多姿的自然世界。所谓人文，就是指自然现象经过人的认识、点化、改造、重组的活动。人文活动可以分为两个层次，第一个是认识的层次，第二个是运用的层次。对一切已存在的自然现象加以观察、认识、了解，使之凝结为确定的知识，便是初级的人文活动，也就是《易经》文中的"文明以止"的意思。这一级的人文活动，其目的与意义是为进级的人文活动做准备。

进级的人文活动便是运用由初级人文活动中所凝结的种种知识来为人生服务。这种服务也可以分为两层，一层是单纯为增加生活的方便而做的，如民耕田以食、织布以衣、架木以居，以致今日所有的工业产品，都是人利用知识将自然物的存在结构加以改造、重组而运用出来的。这可以说是一种以实用为重点的服务。

至于在实用之上的另一层服务，我们可以称为以彰显意义为重的服务。那就是利用这些自然物或人为加工物为代表与象征，以呈现出一套套人所独具的生活方式。这些独特的生活方式就是礼仪，包括种种法规制度、风俗习惯。例如饮食，除了果腹的实用目的之外，我们还可以同时借以表显精神上的意义。如当与人共食时，通过让食、劝食等以联谊互敬；当一人独食时，借种种自定义的戒规以自律，借特殊食物以怀古（如端午节的粽子）。乃至单纯地借食物精美制作、进食的优美仪态以表显人文的丰盛。凡此都足以显示人的生活，实能超越一己的封限而具有无限扩展延伸的意义。这种能指向无限的特质便是人文活动真正的价值，所以称为进级的人文活动。这种能赋予一切自然物或人为加工物以意义的活动，是一种有创造性的活动。这种形态的创造便称为"点化"。一方面点化了人的生命，使人于衣食住行的自然活动中，扩展拓深而顿时具有丰富充实的精神内涵；另一方面也点化了一切被人所用的物，使它在自然效用之余，同时也因参与了人的创造活动而成为亦具无限意义的礼物。于是人的自然行为化为礼行，自然秩序化为道德秩序。

此世界不但因人初级的人文活动（认知）而自黑暗进至彰明；且因人进级的人文活动（点化）而自无心进至有情，当进至有情，人物亦因同于此融混的情意中而合一。人不但能敬人爱人，也能敬物爱物，人物都不在我之外，此即王阳明所谓"心外无物"，亦即孔子所谓"一日克己复礼，天下归仁焉"。世界到此合一无外的境界才是一个圆成的世界，而此圆成则是有待于人文活动的点化而后成功的。因此说"观乎人文，以化成天下"，而约称之为"人文化成"，或更约称之为"文化"。

于此，我们乃可约述"文化"一词的主要含义，即它是特指一种进级的人文活动，其目的在点化人的生活中及一切生活中所涉及的外物，以使之具有无限的道德意义。

（二）对文化的考证

据专家考证，"文化"是中国语言系统中古已有之的词汇。"文"的本义，指各色交错的纹理。《易·系辞下》载："物相杂，故曰文。"《礼记·乐记》称："五色成文而不乱。"《说文解字》称："文，错画也，象交叉。"均指此义。在此基础上，"文"又有若干引申义。其一，为包括语言文字在内的各种象征符号，进而具休化为文物典籍、礼乐制度。《尚书·序》所载伏羲画八卦，造书契，"由是文籍生焉"；《论语·子罕》所载孔子说"文王既没，文不在兹乎"，是其实例。其二，由伦理之说导出彩画、装饰、人为修养之义，与"质""实"对称，所以《尚书·舜典》疏曰"经纬天地曰文"，《论语·雍也》称"质胜文则野，文胜质则史，文质彬彬，然后君子"。其三，在前两层意义之上，更导出美、善、德行之义，这便是《礼记·乐记》所谓"礼减而进，以进为文"，郑玄注"文犹美也，善也"，《尚书·大禹谟》所谓"文命敷于四海，祗承于帝"。

"化"，本义为改易、生成、造化，如《庄子·逍遥游》："化而为鸟，其名为鹏"，《易·系辞下》："男女构精，万物化生"，《黄帝内经·素问》："化不可代，时不可违"，《礼记·中庸》："可以赞天地之化育"，等等。归纳以上诸说，"化"指事物形态或性质的改变，同时"化"又引申为教行迁善之义。

"文"与"化"并联使用，较早见之于战国末年儒生编辑的《易·贲卦·象传》："刚柔交错，天文也。文明以止，人文也。观乎天文，以察时变；观乎人文，以化成天下。"

这段话里的"文"，即从纹理之义演化而来。日月往来交错文饰于天，即"天文"，亦即天道自然规律。同样，"人文"指人伦社会规律，即社会生活中人与人之间纵横交织的关系，如君臣、父子、夫妇、兄弟、朋友，构成复杂网络，具有纹理表象。这段话说，治国者须观察天文，以明了时序之变化，又须观察人文，使天下之人均能遵从文明礼仪，行为止其所当止。在这里，"人文"与"化成天下"紧密联系，"以文教化"的思想已十分明确。

西汉以后，"文"与"化"方合成一个整词，如"圣人之治天下也，先文德而后武力。凡武之兴，为不服也。文化不改，然后加诛"（《说苑·指武》），"文化内辑，武功外悠"（《文选·补之诗》）。这里的"文化"，或与天造地设的自然对举，或与无教化的"质朴""野蛮"对举。因此，在汉语系统中，"文化"的本义就是"以文教化"，它表示对人性情的陶冶，品德的教养，本属精神领域之范畴。随着时间的流变和空间的差异，"文化"逐渐成为一个内涵丰富、外延宽广的多维概念，成为众多学科探究、阐发、争鸣的对象。

文化一词，近世以来亦用以翻译英文之 Culture，二者内涵亦略可相通。culture 源于拉丁文 cultura，原意乃指人之能力的培养及训练，使之超乎单纯的自然状态之上。至十七八世纪，此概念之内涵已有相当的扩展，而重再指称一切经人为力量加诸自然物之上的成果，即文化是指一切文化产品之总和。总而言之，西方观念中之文化较偏于指人文之静态的客观存在，而不太重于指活动的创造义，尤其缺乏中国传统中最为郑重的道德化、精神提升这一重意涵。

四、文化的层次

文化具有多样性和复杂性，因此对于文化很难给出一个准确的、清晰的分类标准。因此，这些对文化的划分只是从某一个角度来分析的，它是一种尝试。

(一) 文化构成划分

对文化的结构解剖，有两分说，即分为物质文化和精神文化；有三层次说，即分为物质、制度、精神三层次；有四层次说，即分为物质、制度、风俗习惯、思想与价值。有六大子系统说，即物质、社会关系、精神、艺术、语言符号、风俗习惯等。

文化有两种，一种是生产文化，一种是精神文化。科技文化是生产文化，生活思想文化是精神文化。任何文化都为生活所用，没有不为生活所用的文化。

任何一种文化都包含了一种生活生存的理论和方式、理念和认识。

文化的内部结构包括下列几个层次：物态文化、制度文化、行为文化、心态文化。

物态文化层是人类的物质生产活动方式和产品的总和，是可触知的具有物质实体的文化事物。

制度文化层是人类在社会实践中组建的各种社会行为规范。

行为文化层是人际交往中约定俗成的以礼俗、民俗、风俗等形态表现出来的行为模式。

心态文化层是人类在社会意识活动中孕育出来的价值观念、审美情趣、思维方式等主观因素，相当于通常所说的精神文化、社会意识等概念，这是文化的核心。

（二）文化级别划分

有些人类学家将文化分为三个层次：

高级文化，包括哲学、文学、艺术等。

大众文化，指习俗、仪式以及包括衣食住行、人际关系各方面的生活方式。

深层文化，主要指价值观的美丑定义、时间取向、生活节奏、解决问题的方式以及与性别、阶层、职业、亲属关系相关的个人角色。

高级文化和大众文化均根植于深层文化，而深层文化的某一概念又以一种习俗或生活方式反映在大众文化中，以一种艺术形式或文学主题反映在高级文化中。

（三）文化层次划分

广义的文化包括四个层次：

一是物态文化层，由物化的知识力量构成，它是人的物质生产活动及其产品的总和，是可感知的、具有物质实体的文化事物。

二是制度文化层，由人类在社会实践中建立的各种社会规范构成。包括社会经济制度、婚姻制度、家族制度、政治法律制度、家族、民族、国家、经济、政治、教育、科技、艺术组织等。

三是行为文化层，以民风民俗形态出现，见之于日常起居动作行为中，具有鲜明的民族、地域特色。

四是心态文化层，由人类社会实践和意识活动中经过长期孕育而形成的价值观念、审美情趣、思维方式等构成，是文化的核心部分。心态文化层可细分为社会心理和社会两个层次。

五、文化的构成要素

文化是由各种元素组成的一个复杂的体系。这个体系中的各部分在功能上互相依存，在结构上互相联结，共同发挥社会整合和社会导向的作用。

（一）精神要素

精神要素即精神文化。它主要指哲学和其他具体科学、艺术、伦理道德以及价值观念等，其中尤以价值观念最重要，是精神文化的核心。精神文化是文化要素中最有活力的部分，是人类创造活动的动力。没有精神文化，人类便无法与动物相区别。价值观念是一个社会的成员评价行为和事物以及从各种可能的目标中选择合意目标的标准。这个标准存在于人的内心，并通过态度和行为表现出来，它决定人们赞赏什么，追求什么，选择什么样的生活目标和生活方式。同时，价值观念还体现在人类创造的一切物质和非物质产品中，产品的种类、用途和式样，无不反映着创造者的价值观念。

（二）语言和符号

两者具有相同的性质即表意性，在人类的交往活动中，二者都起着沟通的作用。语言和符号还是文化积淀和贮存的手段。人类只有借助语言和符号才能沟通，只有沟通和互动才能创造文化。而文化的各个方面也只有通过语言和符号才能反映和传授。能够使用语言和符号从事生产和社会活动，创造出丰富多彩的文化，是人类特有的属性。

（三）规范体系

规范是人们行为的准则，有约定俗成的如风俗等，也有明文规定的如法律条文、群体组织的规章制度等。各种规范之间互相联系，互相渗透，互为补充，共同调整着人们的各种社会关系。规范规定了人们活动的方向、方法和式样，规定语言和符号使用的对象和方法。规范是人类为了满足需要而设立或自然形成的，是价值观念的具体化。规范体系具有外显性，了解一个社会或群体的文化，往往是先从认识规范开始的。

（四）社会关系和社会组织

社会关系是上述各文化要素产生的基础。生产关系是各种社会关系的基础。在生产关系的基础上，又发生各种社会关系。这些社会关系既是文化的一部分，又是创造文化的基础。社会关系的确定，要有组织保障。社会组织是实现社会关系的实体。一个社会要建立诸多社会组织来保证各种社会关系的实现和运行，家庭、工厂、公司、学校、教会、政府、军队等都是保证各种社会关系运行的实体。社会组织包括目标、规章、一定数量的成员和相应物质设备在内，既包括物质因素又包括精神因素。社会关系和社会组织紧密相连，成为文化的一个重要组成部分。

（五）物质产品

经过人类改造的自然环境和由人创造出来的一切物品，如工具、器皿、服饰、建筑物、水坝、公园等，都是文化的有形部分，在它们上面凝聚着人的观念、需求和能力。

六、文化的种类

文化有各种区分方法，或说有各种不同种类或表现形式。

（一）根据文化的内容划分

根据文化的内容可将文化划分为道德、文学、艺术、教育、科学技术等形式。而文学与艺术，又有着无限丰富的表现形式，诸如神话文化、诗歌文化、戏剧文化、曲艺文化、音乐文化、绘画文化、影视文化等。还有大量的特殊文化表现形式，如饮食文化、花鸟文化、体育文化、酒文化、茶文化、婚嫁文化、居住文化、园林文化、建筑文化、网络文化、科技文化、节事文化、武术文化等。

（二）根据文化存在的时间划分

根据文化存在的时间可将文化划分为古代文化、近代文化、现代文化等。

（三）根据文化主要流行或被使用的阶层划分

根据文化主要流行或被使用的阶层可将文化划分为官方文化和民间文化，或精英文化（高雅文化）和大众文化（通俗文化、流行文化）等。当然，也还有商业文化、产业文化等等的说法。

（四）根据文化的本质划分

就文化的本质而言，可以分为真、善、美三大类。真，是指科学，包括自然科学、社会科学和哲学等。善，是指道德、价值观等。美，是指文学、艺术等。

七、文化的一般特征

（一）文化是在人类进化过程中创造出来的

自然存在物不是文化，只有经过人类有意无意加工制作出来的东西才是文化。例如，吐痰不是文化，吐痰入盂才是文化；水不是文化，水库才是文化；石头不是文化，石器才是文化等。

（二）文化是后天习得的

文化不是先天的遗传本能，而是后天习得的经验和知识。例如，男男女女不是文化，"男女授受不亲"或男女恋爱才是文化；前者是遗传的，后者是习得的。文化的一切方面，从语言、习惯、风俗、道德一直到科学知识、技术等都是后天学习得到的。

（三）文化是共有的

文化是人类共同创造的社会性产物，它必须为一个社会或群体的全体成员共同接受和遵循，才能成为文化。纯属个人私有的东西，如个人的怪癖等，不为社会成员所理解和接受，则不是文化。

（四）文化是一个连续不断的动态过程

文化既是一定社会、一定时代的产物，是一份社会遗产，又是一个连续不断的积累过程。每一代人都出生在一定的文化环境中，并且自然地从上一代人那里继承了传统文化。同时，每一代人都根据自己的经验和需要对传统文化加以改造，在传统文化中注入新的内容，抛弃那些过时的部分。

（五）文化具有民族性和阶级性

一般文化是从抽象意义上讲的，现实社会只有具体的文化，如古希腊文化、罗马文化、中国古代文化、中国现代文化等。具体文化受到诸多条件的制约，其中最主要的是受自然环境和人们的社会物质生活条件的制约。如有石头，才有石器文化；有茶树，才有饮茶文化；有客厅和闲暇时间，才会有欧洲贵族的沙龙文化。文化具有时代性、地区性、民族性和阶级性。自从民族形成以后，文化往往是以民族的形式出现的。一个民族使用共同的语言，遵守共同的风俗习惯，养成共同的心理素质和性格，即民族文化的表现。在分裂为阶级的社会中，由于各阶级所处的物质生活条件不同、社会地位不同，因而它们的价值观、信仰、习惯和生活方式也不同，出现了各阶级之间的文化差异。

八、文化的作用

人类由于共同生活的需要才创造出文化，文化在它所涵盖的范围内和不同的层面发挥着主要的功能和作用。

（一）整合

文化的整合功能是指它对于协调群体成员的行动所发挥的作用，就像蚂蚁过江。社会群体中不同的成员都是独特的行动者，他们基于自己的需要，根据对情景的判断和理解采取行动。文化是他们之间沟通的中介，如果他们能够共享文化，那么他们就能够有效地沟通，消除隔阂，促成合作。

（二）导向

文化的导向功能是指文化可以为人们的行动提供方向和可供选择的方式。通过共享文化，行动者可以知道自己的何种行为在对方看来是适宜的、可以引起积极回应的，并倾向于选择有效的行动，这就是文化对行为的导向作用。

（三）维持秩序

文化是人们以往共同生活经验的积累，是人们通过比较和选择认为是合理并被普遍接受的东西。某种文化的形成和确立，就意味着某种价值观和行为规范的被认可和被遵从，这也意味着某种秩序的形成。而且只要这种文化在起作用，那么由这种文化所确立的社会秩序就会维持下去，这就是文化维持社会秩序的功能。

（四）传承

从世代的角度看，如果文化能向新的世代流传，即下一代也认同、共享上一代的文化，那么文化就有了传承功能。

九、文化与文明的区别

从内容上看，文化是人类征服自然、社会及人类自身的活动、过程、成果等多方面内容的总和,而文明则主要是指文化成果中的精华部分。

从时间上看,文化存在于人类生存的始终,人类在文明社会之前便已产生原始文化,文明则是人类文化发展到一定阶段的产物。

从表现形态上看,文化是动态的渐进的不间断的发展过程,文明则是相对稳定的静态的跳跃式发展过程。

文化是中性概念,文明是褒义概念。人类征服自然和社会过程中化物化人的活动、过程和结果是一种客观存在,其中既包括优秀成果,又有糟粕,既有有益于人类的内容,又有不利于人类的因素,它们都是文化。文明则和某种价值观相联系,它是指文化的积极成果和进步方面,作为一种价值判断,它是一个褒义概念。

第二节　传统与传统文化

一、传统

(一) 对传统的基本认识

传统,是指人类的生存行为经由历史凝聚、积淀传承下来的稳定的社会价值形态和文明形态,如伦理道德、价值观念、风俗习惯、艺术传统、行为规范等。

尽管对传统的解释众说纷纭,但我们认为其关键要素体现在三个方面:历史积淀、稳定性、社会形态。也就是说,传统必须是在历史中形成的具有稳定性特点的社会文明形态,它是一个民族或地区的人们在长期的生存实践中,经过反复选择、认同而形成的具有广泛社会基础的价值立场和行为范式。这也是传统与当代的区别。

(二) 传统与现代的关系

传统是人类社会的文化遗传,对社会的和谐与稳定具有强大的整合作用,对人们的价值取向、行为准则以及社会的发展具有引导功能。就一个民族而言,传统形成的社会认同性在民族社会中代代相传、时时相因,是这个民族潜移默化的深层意识,是影响其社会发展的巨大源动力。因此,继承弘扬优秀文化传统,是一个民族继往开来的必然选择。

人类社会及人类自身的发展总是需要吐故纳新、兼收并蓄的。所以,对传统的继承与弘扬也应与时俱进,使其不断更新、完善,在现实社会中更好地发挥其价值。因此,传统与现实的关系并不是二元对立，而应该是二元和谐。也就是说，人类社会应该在发展中有继承、在继承中有发展。传统与现实的二元统一，才是人类理性朝向和社会良性发展的圭臬。

二、传统文化

传统文化是一个民族在历史中形成、积淀的，带有鲜明个性特征和稳定性特征的精神文明形态、物质文明形态和行为文明形态。

中国传统文化就是中华民族在历史中形成、积淀的，带有鲜明个性特征和稳定性特征的精神文明形态、物质文明形态和行为文明形态。

个性特征，是指传统文化的民族性。一个民族总是生活在一个特定的生存环境和实践环境中，这种在具体环境中形成的具有独特个性的价值立场与行为范式就是传统文化的个性特征。

稳定性特征，是指传统文化的文化立场。传统文化有其形成的条件、基础，也有其固有的价值认同和文化立场，这种凝聚着广大社会成员的情感意志，具有强大社会整合功能和排异功能，代代相传、绵延不已的文化立场就是传统文化的稳定性。

三、对传统文化的认识

（一）传统文化是人类社会发展的遗传基因

社会作为人类文化现象的产物，总是基于某个精神元点与价值逻辑的，其深层结构要素总是与其历史渊源有着传承和因果关系。因此，传统文化是人类社会的遗传基因，没有传统文化，也就没有现实社会。既然现实社会是传统文化的基因延续，传统文化就应该是规范现实社会合理发展的最终准则，否则，社会的畸形发展或崩溃将不可避免。

由此可见，继承、发扬优秀传统文化，就是传承人类文明的基因，保证人类社会良性发展。

（二）传统文化是一个民族存在的根基

一个民族的文化品质，是在文化传承中确立的。丧失文化传统，也就意味着一个民族的退场。

所以，坚持发扬传统文化，就是坚持民族的独特品格和民族的未来。

（三）传统文化是人的终极身份证

人的社会属性来源于文化属性，文化属性是人的最高属性。因此，传统文化是人这个社会动物的元价值和终极身份证。对传统文化的继承与弘扬，其实是人对自我身份的肯定。

四、原始文化

原始文化是指人类最早的文化。200 多万年前，人类就已有了文化行为。从这一时期至父系氏族社会早期，人类尚无文字，生产能力低下，以氏族或部落集结生存，国家形态尚未形成，社会文明程度低。这种较后来文明时代相对落后的文化称为原始文化。

（一）文化产生的标志

人类文化产生的标志是人对工具的使用。对工具的使用是以对工具的设想、选择、运用、预期为前提的，凝聚着丰富的精神活动，是人超越动物对环境的简单反应而跃升到精神创造活动的标志。文化是人类精神创造活动的产物，所以，对工具的使用成为人类文化产生的标志。

（二）原始文化的两大分期

人类早期使用的工具极为简单，主要是直接取自于自然界的石材。根据该特点，我们把这个时期的文化称为石器时代的文化。

石器时代的文化又分为两个时期：对工具进行简单使用和加工的时期称为旧石器时代，对工具进行复杂使用和加工的时期称为新石器时代。

1. 旧石器时代

中国的旧石器时代最早可追溯到 200 万年前的巫山猿人时期。有代表性的还有云南的元谋猿人（170 万年前）、陕西的蓝田猿人（80 万年前）、北京的山顶洞人（3 万年前）。

2. 新石器时代

新石器时代距我们今天 1 万年左右。有代表性的有仰韶文化（河南）、良渚文化（浙江）、贾湖文化（河南）。

（1）仰韶文化

仰韶文化遗址位于河南省三门峡市渑池县城北 9 公里处的仰韶村，是距今 5500~7000

年中国新石器时代的文化代表之一。出土物品有用于农耕的石斧、铲、凿、锛等，用于狩猎的石镞、弹丸、石饼等，用于纺织的线坠、纺轮、骨针、骨锥等，有鼎、罐、碗、盆、钵、杯、瓮、缸等陶器。特别引人注目的是陶器上精美的装饰图案，其纹饰有宽带纹、网纹、花瓣纹、鱼纹、弦纹和几何图形纹等。

对仰韶文化的认识：

①这一时期人们对工具的使用更具有创造性。这种创造性不仅表现在对工具的较复杂的加工和使用上，更表现在人们已开始按自己的需求设计、制造工具。

陶器就是这种现象的代表。

②农业文明已比较成熟。众多的农业生产用具说明农业生产已较为精细。

③审美形态已开始形成。陶盆上的图案说明人们对工具的使用已不满足其实用性，而是有了精神需求。

（2）良渚文化

良渚文化遗址在浙江余杭良诸镇，是铜石并用时代的文化，距今 5250~4150 年。出土物品：黑陶，制作精美，有的甚至涂漆；玉器，种类有珠、管、璧、璜、琮、蝉，其中玉踪高达 18~23 厘米，上面雕刻圆目兽面纹，工艺精湛，是中国古代玉器中的珍品，被誉为"玉踪王"；绢片、丝带和丝线，是中国远古时代最重要的家蚕丝织物。

对良诸文化的认识如下：

①制造工具的水平较高。各种器皿做工考究、工艺精美，已经可以加工玉器、纺织丝绸。

②大量的装饰性物品说明精神需求对人们越来越重要。

③中国绢纺出现的证明。

贾湖文化是 20 世纪 80 年代被发现的文化遗址，位于河南省舞阳县北舞渡镇西南 1.5 公里的贾湖村。保护区面积 5.5 万平方米，是一处规模较大、保存较为完整、文化积淀极为深厚的新石器时代早期遗存，距今约 9000 年。

贾湖文化的重要内容如下：

①世界上最早的乐器——骨笛。贾湖遗址共发掘出 30 余支骨笛，是世界上迄今为止发现最早、保存最完整的管乐器。贾湖骨笛有二孔、五孔、六孔、七孔和八孔笛，长度为 17.3~24.6 厘米，直径为 0.9~1.72 厘米，其制作材料为鹤的尺骨，制作规范、形制固定。经中央民族乐团黄翔鹏等音乐家对其中一支七孔笛测试，知其已具七声音阶，并能完整吹奏现代乐曲。它把人类音乐史向前推进了 3000 多年。

②世界上最古老的"酒"。中国科技大学博士生导师、贾湖遗址主要发掘者张居中教授与美国宾夕法尼亚大学著名教授合作，通过对出土陶器上的附着物进行研究证明：9000年前贾湖人已经掌握了酒的酿造方法，所用原料包括大米、蜂蜜、葡萄和山楂等。目前，这一古酒配方已复制成功。

③世界原始宗教与卜筮起源。贾湖人盛行巫术崇拜。在他们的一些随葬品中，发现有装饰品、葬龟、权形骨器的成组随葬品，表明贾湖原始先民已有了原始崇拜的意识，对原始宗教与卜筮起源的研究具有十分重要的意义。

④世界稻作农业主要发源地。在贾湖遗址内，发掘出我国最早的碳化稻米及石磨盘、磨棒、石铲等实物资料，表明8000年前这里已有了人工栽培稻的痕迹，对研究稻作农业起源以及这一时期原始先民生产方式具有重要价值。

⑤世界上最早的文字起源—契刻符号。在遗址内发现了世界上目前最早与文字起源有关的实物资料—甲骨契刻符号。有人指出，"贾湖刻符对汉字来源的关键性问题，提供了崭新的资料"，并被认为是"早于安阳殷墟的甲骨文卜辞4000多年，领先于素称世界最早的古埃及纸草文字"，是迄今为止人类所知最早的文字雏形之一。

⑥世界上最早的家畜驯养地。世界上已公认狗的驯化家养始于贾湖。国内外专家最新研究成果表明，猪的驯化圈养也始于同时期的贾湖。在遗址内还发现有马、羊、龟、鹤等动物，研究价值极大。这表明贾湖人的生产生活方式已相当丰富。

贾湖文化的重大意义如下：

①对中华文明5000年说法的颠覆。过去一直说"中华文明五千年"，贾湖文化的发现，把中华文明几乎提前了一倍。我们必须对中华文化进行再认识。

②改写了诸多世界第一。贾湖文化不仅改写了中华文明，也改写了人类文明史，对人类文明史的研究具有重大意义。

③对汉字的产生提供了极其重要的实物证明。商代出现的甲骨文过去被认为是中国最古老的文字。但甲骨文相对成熟，应该还有更早的文字。贾湖契刻文字的出现，为还有比甲骨文更早的古文字的存在提供了依据。

五、传说中的中国古代文化

中国古代有盘古开天地的传说。说的是有一个叫盘古的人，用巨斧劈开浑沌，天地从此分开，世界由此形成。这个故事最早见于三国时期吴国徐整著《三五历纪》及《五运历年纪》："天地浑沌如鸡子，盘古生其中。万八千岁，天地开辟，阳清为天，阴浊为地。

盘古在其中，一日九变，神于天，圣于地。天日高一丈，地日厚一丈，盘古日长一丈，如此万八千岁，天数极高，地数极深，盘古极长，后乃有三皇。"盘古后来"垂死化身，气成风云，声为雷霆；左眼为日，右眼为月，四肢五体为四极五岳，血液为江河，筋脉为地里，肌肉为田土，发为星辰，皮肤为草木，齿骨为金石，精髓为珠玉，汗流为雨泽，身之诸虫，因风所感，化为黎氓"。这个故事只是一个神话传说，是中国的创世纪，是古人试图解释世界来历的想象，不能当作历史来看待。然而，这个传说却反映出中国传统文化的某些特质。

①显而易见的人本主义。创造世界的盘古是人而不是神，尽管他的出现像一个神话，但他终归是人的事实无法改变，他最终死了。这是中国的创世纪与西方的创世纪的本质区别。

②对利他精神的颂扬。盘古不仅开辟了世界，更重要的是用他的死换来了世界的精彩，这是这个传说最动人之处。博爱与利他精神是中国传统文化的精华之一，我们在盘古身上已经看见其根源。

盘古后的"三皇五帝"的传说尽管也有离奇成分，但应该有其真实性。

"三皇"说的是远古时代三位杰出的部落领袖，具体人物版本较多，比较主流的说法是燧人氏、伏羲氏、神农氏。《尚书大传》云："燧人为燧皇，伏羲为戏（羲的通假字，编者注）皇，神农为农皇也。"相传燧人氏用钻木取火的方法学会用火，并将这种方法传授给人们，所以被后人称为"燧人氏"。伏羲发明了八卦，受八卦的启迪学会了织网、打鱼、狩猎，并将这些方法传授给族人；又说伏羲与妹妹（女娲）通婚，繁育了中国人。神农氏"长于姜水"，故取姓姜。《周易·系辞》里说他"斫木为耜，揉木为耒，耒耨之利，以教天下"，是最早教人耕田种地的人，也是最早用采自山间的草药为民治病的人。"五帝"分别是黄帝、颛顼、帝喾、唐尧、虞舜，他们是新石器晚期的父系时代中华民族出现的几位受人尊重的领袖人物。黄帝是神农氏之后的一位氏族领袖。司马迁在《史记·五帝本纪》中说他是"少典之子，姓公孙，名曰轩辕。生而神灵，弱而能言，幼而徇齐，长而敦敏，成而聪明"，因长于姬水，后来便以姬为姓。他长大后，带领族人平息了外族的骚扰，打败了凶恶的蚩尤部落，统一了中原，被人们拥立为首领，因其"有土德之瑞，故号黄帝"。颛顼就是高阳氏，是黄帝的孙子，他"静渊以有谋，疏通而知事；养材以任地，载时以象天，依鬼神以制义，治气以教化，絜诚以祭祀"，黄帝去世之后，他成为华族首领，被尊为"五帝"之一。帝喾就是高辛氏，是黄帝的曾孙，他"生而神灵，自言其名；普施利物，不于其身；聪以知远，明以察微；顺天之义，知民之急；仁而威，惠而信，修身而天下服"。唐尧是帝喾的次子，因曾是陶唐氏首领，故名唐尧。唐尧"其仁如天，其知如神""富而不骄，贵而不舒""能明驯德，以亲九族"，在他的领导下，"百姓昭明，合和万国"。据史书记载，他是最早治理黄河水患的华族领袖。虞舜是唐尧后的第五位华族首领，因生于姚墟，故取姚姓，是有虞氏首领，故曰虞舜。舜早年"耕历山，渔雷泽，陶河滨，作什器於寿丘，就时於负夏。舜父瞽叟顽，母嚚，弟象傲，皆欲杀舜。舜顺适不失子道，兄弟孝慈。欲杀，不可得；即求，尝在侧"。因此，"年二十以孝闻，年三十尧举之，年五十摄行天子事，年五十八尧崩，年六十一代尧践帝位"。舜因为知人善任，为民求利，选用大禹治理黄河水患，深受民众拥戴。

总的来说，"三皇五帝"的传说是旧石器时代晚期的母系氏族社会过渡到新石器时代父系氏族社会期间几位杰出的氏群部落领袖的事迹演绎，尽管有虚构、传奇成分，但应该有原型依据，可以作为了解先民历史的参考。著名历史学家范文澜先生在《中国通史简编》中说："汉以前人相信轩辕黄帝、颛顼、帝喾三人为华族祖先，当是事实。"屈原《离骚》中"帝高阳之苗裔兮，朕皇考曰伯庸"就是其例。所以，不能将"三皇五帝"与后来的帝王相提并论，前者是为民谋利、受人尊重的氏族英雄，后者是集权专制、压迫民众的统治者。

从"三皇五帝"的传说我们可以看到这一时期的某些文化特征。

①母系氏族社会已解体，父系氏族社会开始出现。

②人类是从血缘繁衍进化而来的。

③中国姓氏的产生及发展特征。中国的姓氏产生在母系氏族社会，所以早期的姓常有女旁，如黄帝姓姬、炎帝姓姜、舜帝姓姚、大禹姓姒、秦始皇姓嬴等。后来人们因氏族发展而迁徙，姓氏便以封号、地名、环境、职业等而产生，如张、王、李、赵、唐、虞、陶、卜、司马、司徒等。

④德才兼备是中国古代认同的王者标准。

六、先秦文化

先秦文化是原始文化发展到国家形态文化的中国传统文化，它既是中国早期文化的集大成，又是后世文化的奠基，是中国古代文化的第一个高峰和文化元基因，对后世文化影响巨大。之后2000多年来的中国传统文化从根本上讲是先秦文化的延展与回应。因此，先秦文化的出现，标志着中国传统文化的形成。

（一）夏代文化

1. 中国国家形态的形成

夏代是有文献记载的中国第一个朝代，出现在公元前21世纪至公元前17世纪，建都在阳城（今河南登封）、安邑（今山西夏县）等地。

夏代的出现，结束了中国古代原始部落社会的历史，标志着中国国家形态的形成，也标志着中国至此由原始社会的无序状态进入国家行政管理的有序时代。

2. 文化成就

（1）天文历法

夏代的天文历法文化较为发达。天干、地支的概念已经出现，相传沿用至今的"夏历"（民间又叫"阴历"）就来源于夏代。尽管真正的夏历早已失传，今天所用的夏历其实是汉代出现的"汉历"，但人们仍然沿用了夏历的说法。

周代《大戴礼记》中的《夏小正》，是中国现存的最早的农事历书。虽然成书在周代晚期，但经历代学者考证，内存夏代资料，也有人认为它就是夏代的历法。

（2）青铜器的冶炼与使用

夏代已出现青铜器的冶炼与使用，诸多历史文献对此均有描述。如《墨子·耕柱》："昔日夏后开（启）使蜚廉折金于山川，而陶铸之于昆吾……九鼎既成，迁于三国。"《史记·封禅书》："禹收九牧之金，铸九鼎。"《越绝书》："禹穴之时，以铜为兵。"二里头文化遗址出土的青铜小刀和青铜锥证实了夏代已有青铜冶炼和使用的事实。

（3）官的出现

夏代是中国国家形态的开始。国家的形成，必然带来国家机构的建立，国家机构的建立，就必然导致行政者——官的产生。因此，中国的制度文化，可以追溯到夏代。根据《礼记·明堂位》"夏后氏官百，天子有三公、九卿、二十七大夫、八十一元士"的记载，夏代的官制已比较完善。

3. 对夏代文化的认识

①国家形态的形成为中华民族的生存发展提供了客观基础。
②官的出现，使中国至此进入行政管理的时代。

（二）商代文化

1. 商代文化是中国传统文化重要的里程碑

商代出现在公元前17世纪至公元前11世纪，最早建都亳，以后多次迁都。盘庚时将都城由奄（今山东曲阜）迁至殷，所以又叫作"殷商"。商代文化是中国传统文化重要的里程碑，中国传统文化在这个时期取得了辉煌的成就。

（1）青铜器制造水平的登峰造极

青铜的冶炼与制造技术在商代已经炉火纯青。尽管中国不是世界上最早冶炼、制造青铜器的国家，但商代的青铜冶炼技术与制造水平堪称当时世界第一。

后母戊大方鼎就是商代青铜器的代表之作，其精美程度无与伦比。

（2）成熟文字的出现

19世纪末至20世纪初，在河南安阳小屯村陆续发现了10万余片甲骨文，学者们整理出古文字图形4000余个，可识别的文字2500多个。这些文字是古人用刀刻在龟甲或兽骨上的意义符号，所以叫作"甲骨文"。甲骨文是商人对占卜情况进行记载的文字符号，其内容包括政治、军事、文化、社会习俗等，涉及天文、历法、医药等科学技术。汉字是世界上唯一还在广泛使用的表意性文字，产生于古人对自然和世象特征的摹仿，其特征是用象征性的书写符号来指代一个特定的事象，古人称为"象形"。因此，它是表意的，不是直接或单纯表示语音的。这是汉字与英语等表音文字最大的区别。汉字的表意性特点使其具有丰富的人文内涵和审美意趣。造字需要想象和表现，认字和写字也需要想象，写字还需要高度的表现技巧和审美内涵。但"象形"的造字方法不利于文字的类型化、精细化发展。鉴于此，古人又在"象形"的基础上创造出指事、形声、会意、假借、转注的造字方法，使汉字的发展跳出单纯的"摹仿"局限而具有了无限可能。古人将以上六种造字方法合称为"汉字六书"。甲骨文已具备了"六书"的特点，展现了中国文字的独特魅力，是迄今为止可以看到的中国最早的成熟文字。

2. 商代文化的重要意义

（1）中国文化有文字可考的时代

商代以前，文化只能依靠实物传承和口口相传，文化成果的遗失和变形不可避免。文字的出现，不仅可以记载、整理文化成果，使文化传承更具有客观性，同时，对文化传播和文明导向也具有巨大的推动作用。

（2）知识分子成为社会生活的重要力量

商代以前，不能说没有知识分子，但知识分子作为一个群体出现，是在商代。文化需要记录和推广，更需要精英力量的参与。儒的出现，不仅有了大批记录文化的专业人士，有了文化传播的主力军，也给社会生活增加了精英力量。这对中国古代社会的文明进步具有极其重要的意义。

第三节　中华国学、文字与史籍

一、中华国学

通过五千年文化的演变、转型和西学东渐，在 20 世纪 20 年代开始出现国学。我们的国学主要指以儒学为主体的中华传统文化与学术，细分包括医学、戏剧、书画、星相、数术等。国学是一脉相承的中国文化，社会发展越快，就越需要文化精神的支撑。

儒学在我国两汉时期发展特快，演变为"两汉经学"，提出儒学十三经。尹珍先贤就是在这时期去学习的儒学经学，当时的经学主要分为今文经学和古文经学。朝廷开办的太学，主要传授今文经学，尹珍的老师许慎，传授给尹珍的经学是古文经学。两学的区别：今文经学认为，孔子是大圣人，是政治家、哲学家、思想家和教育家，是为汉制法的素王，六经大部为孔子所作。古文经学认为，孔子是史学家，六经是古文化典章制度与圣君的格言，孔子的功绩在于整理前代史料，传授后人。

世界文化被划分为四大体系：中国文化、印度文化、伊斯兰文化和欧美文化，前三者属于东方文化，后者属于西方文化。两大文化体系，最根本的不同表现在思维模式方面。东方文化的思维模式是综合的，而西方文化则是分析的。东方文化是以中国文化为基础的，中国文化对人一生要解决的三个问题有自己的看法：人与大自然的关系；人与人的关系，即社会关系；人自身内部感情冲突与平衡。人与自然和平相处是中国文化处理人与自然关系的准则和最高境界。

文化是人的社会化。文化社会化、文化人类化、文化民族化，应是文化的本质和发展方向。文化是国家的心脏、民族的灵魂，决定着国家的实力和竞争力，决定着民族的未来和希望，决定着一个人的生存和发展。人只不过是沙子和珠子而已，他需要文化升华和文化连接才能将人凝聚和编织成社会。从这个意义上讲，我们所做的文化事业和文化产业是用文化铸造人的灵魂。

二、中华文字与史籍

中华文化的基本特征就是源远流长，博大精深。

中华文化源远流长，是纵向展示中华文化的特质不同于其他民族文化。世界上的其他古老文明，或中断或湮灭，而中华文明是人类文明史上唯一没有中断而延续至今的古老文明。中华文化是由我国各族人民共同创造的，始终显示出顽强的生命力和无穷的魅力。

中华文化源远流长表现在许多方面，而最具说服力的见证就是汉字和史书典籍。汉字在传承中华文明方面发挥着不可替代的作用，是中华文明的重要标志。史书典籍是中华文化一脉相传的重要见证。中华民族自古以来就十分重视历史经验，重视保存历史资料。

（一）汉字

汉字在世界文化之林是枝繁叶茂的亮丽风景。文字是人类进入文明时代的标志。汉字为书写中华文化，传承中华文明，发挥了巨大的作用。汉字文化今天为中华各族人民所通用，是中华文明的重要标识。

汉字经过了 6000 多年的变化，其演变过程是：

甲骨文→金文→小篆→隶书→草书→楷书→行书。

以上的"甲金篆隶草楷行"七种字体称为"汉字七体"。

中国文字——汉字的产生，有据可查的，是在约公元 14 世纪的殷商后期，这时形成了初步的定型文字，即甲骨文。得到考古支持的商代甲骨文最早出现在 3300 年前，至今共发现了 5000 个以上的甲骨文单字，其中可以认识的约有 1700 字。甲骨文既是象形字又是表音字，至今汉字中仍有一些和图画一样的象形文字，十分生动。

到了西周后期，汉字发展演变为大篆。大篆的发展结果产生了两个特点：一是线条化，早期粗细不匀的线条变得均匀柔和了，它们随实物画出的线条十分简练生动；二是规范化，字形结构趋向整齐，逐渐离开了图画的原形，奠定了方块字的基础。

后来秦朝丞相李斯对大篆加以去繁就简，改为小篆。小篆除了把大篆的形体简化之外，并把线条化和规范化达到了完善的程度，几乎完全脱离了图画文字，成为整齐和谐、十分美观的基本上是长方形的方块字体。但是小篆也有其缺点，那就是它的线条用笔书写起来是很不方便的，所以几乎在同时也产生了形体向两边撑开成为扁方形的隶书。

至汉代，隶书发展到了成熟的阶段，汉字的易读性和书写速度都大大提高。隶书之后又演变为章草，而后今草，至唐朝有了抒发书者胸臆、寄情于笔端表现的狂草。随后，糅合了隶书和草书而自成一体的楷书（又称真书）在唐朝开始盛行。我们今天所用的印刷体，即由楷书变化而来。介于楷书与草书之间的是行书，它书写流畅，用笔灵活，据传是汉代刘德升所制，传至今日，仍是我们日常书写所习惯使用的字体。

到了宋代，随着印刷术的发展，雕版印刷被广泛使用，汉字进一步完善和发展，产生了一种新型字体宋体印刷字体。印刷术发明后，刻字用的雕刻刀对汉字的形体发生了深远的影响，产生了一种横细竖粗、醒目易读的印刷字体，后世称为宋体。当时所刻的字体有肥瘦两种，肥的仿颜体、柳体，瘦的仿欧体、虞体。其中颜体和柳体的笔顿高耸，已经略具横细竖粗的一些特征。到了明代隆庆、万历年间，又从宋体演变为笔画横细竖粗、字形方正的明体。原来那时民间流行一种横划很细而竖划特别粗壮、字形扁扁的洪武体，像职官的衔牌、灯笼、告示、私人的地界勒石、祠堂里的神主牌等都采用这种字体。以后，一些刻书工人在模仿洪武体刻书的过程中创造出一种非颜非欧的肤廓体。特别是由于这种字体的笔形横平竖直，雕刻起来的确容易，它与篆、隶、真、草四体有所不同，别具一格，读起来清新悦目，因此被日益广泛地使用，成为 16 世纪以来非常流行的主要印刷字体，仍称宋体，也叫铅字体。

在中国文字中，各个历史时期所形成的各种字体，有着各自鲜明的艺术特征。如篆书古朴典雅；隶书静中有动，富有装饰性；草书风驰电掣、结构紧凑。

楷书工整秀丽；行书易识好写，实用性强，且风格多样，个性各异。

汉字的演变是从象形的图画到线条的符号和适应毛笔书写的笔画以及便于雕刻的印刷字体，它的演进历史为我们进行中文字体设计提供了丰富的灵感。在文字设计中，如能充分发挥汉字各种字体的特点及风采，运用巧妙，构思独到，一定能设计出精美的作品来。

中国文字的发展，经过秦统一中国后，连续对汉字进行简化、整理，使汉字逐渐走向规范化。汉字的发展，大致可分为古文、篆书、隶书、楷书等四个阶段的演变过程。其中，篆书又有大篆、小篆之分；隶书则有秦隶、汉隶之别。总体来说，楷书形成后，中国文字已基本定型。历史上任何一种新的字体都是经过长期演变逐渐形成的。

在文字出现的早期，象形文字可以工作得不错。可是随着语言的不断丰富，有些语言不能用形象表达了。古埃及人和苏美尔人开始创造一些仅代表发音的符号来记录这些语言，中国人却选择了另外一种解决办法：

会意字，如"日+月＝明，女+子＝好"；

表音字，如"阿"，没有任何意义，只表示一个音节；通假字，如"说—悦"；开始出现于汉字中。

各个时代的中国文字都有着与众不同的民族、民风的内涵，中国的文字史里处处刻着中华儿女的智慧与勤劳。

汉字文化的影响力不容低估。这一文化覆盖区域包括汉字文化的发祥地中国及与古代中国有朝贡关系的地域。汉字文化的覆盖地域称为汉字文化圈。汉字文化圈中的越南和朝鲜半岛的朝鲜民主主义人民共和国已经完全废止汉字的官方使用，大韩民国仍保留使用部分汉字。但是，各国的古文仍然完全用汉字表记。

文字是一个民族、一个国家历史的痕迹，中国文字的演变是跳跃式的，是华丽的，是耐人寻味的，就如同中国的历史一样。中国人创造中国文字，中国文字也同样引导着中国人前进。

（二）史书典籍

史书典籍是中华文化一脉相传的重要见证。中国史书规模之大，存留之丰，为世界所仅有。

我国的史书卷帙浩繁，种类很多，大致可以分为下列几种：

正史：以纪传体、编年体的体例，记载帝王政绩、王朝历史、人物传记和经济、军事、文化、地理等诸方面情况的史书叫正史。如，通常所说的二十四史。除少数是个人著述（如司马迁的《史记》、范晔的《后汉书》、陈寿的《三国志》、欧阳修的《新五代史》）外，大部分正史是由官修的。

别史：主要指编年体、纪传体之外，杂记历代或一代史实的史书，如《东观汉纪》《东都事略》《大金国志》以及《通志》等史书都属于别史。由此可见，别史实际上是正史类史籍的重要补充部分，犹正史之别支，所以《四库全书总目·史部·别史类叙》中才有"犹大宗之有别支"的说法。由著名学者创作的，有时与杂史难以区分，如《汉晋春秋》。

杂史：只记载一事之始末，一时之见闻或一家之私记，是带有掌故性的史书。它不同于纪、传、表、志等体例齐全的正史，也不同于关系一朝执政的别史。它不受体例限制，博录所闻，虽杂荒疏浅，却可弥补官修史书的疏漏与不足，包括家史、外史、小史、稗史、野史、逸史等类别。

野史：有别于官撰正史的民间编写的史书。

稗史：通常指记载闾巷风俗、民间琐事及旧闻之类的史籍，如清代人潘永因的《宋稗类钞》，近代人徐珂的《清稗类钞》。有时也用来泛指"野史"。

按照体例分类：

纪传体：纪传体史书创始于西汉司马迁的《史记》，它以人物传记为中心，用"本纪"叙述帝王；用"世家"记叙王侯封国和特殊人物；用"表"统系年代、世系及人物；用"书"或"志"记载典章制度；用"列传"记人物、民族及外国。历代修正史都以此为典范，如《汉书》。有个别的正史没有书或者志，比如《三国志》。

编年体：编年体史书按年、月、日顺序编写，以年月为经，以事实为纬，比较容易反映出同一时期各个历史事件的联系。以编年体记录历史的方式最早起源于中国。如《左传》《资治通鉴》等都属于这一类。《春秋》是我国现存最早的一部编年体史书。

纪事本末体：创始于南宋袁枢的《通鉴纪事本末》。这种体裁的史书特点是以历史事件为纲，重要史事分别列目，独立成篇，各篇又按年、月、日顺序编写。现有 9 部纪事本末体的古籍。

国别体：国别体史书创始于《国语》。国别体史书是一部分国记事的历史散文，分载多国历史，如《战国策》即属于这一类。

按时间和空间分类：

通史：连贯地记叙各个时代的史实的史书称为通史，如西汉司马迁的《史记》。因为他记载了上至传说中的黄帝，下至汉武帝时代，历时 3000 多年的史实。

断代史：记载一朝一代历史的史书称为断代史，创始于东汉班固的《汉书》。二十四史中除《史记》外，其余都属断代史。

国别体：以国家为单位分别记叙的史书，如《战国策》。

另外，还有记载各种专门学科历史的史书称专史，如经济史、思想史、文学史、史学史等。

纪传体史书的体裁：

本纪：是按年月顺序编写的帝王简史，以记载帝王的言行为中心，兼述当时的政治、经济、军事、文化、外交等重大事件。

表：是用表格的形式谱写人物和事件。

书：是有关各种典章制度以及某些自然与社会现象的专编。

世家：用来记载王侯封国以及历史上重要人物的活动。

列传：主要是人物传记。

志：记载《地理志》《乐志》等。志在正史的地位很重要又比较深刻难写。梁朝江淹说过："修史之难，无出于志。"《宋书》的《志序》是一篇不可不读的好文章，概述志的源流和《宋书》志的缘起，也讲到志的撰述之不易。

载记：最早用来指被废黜的帝王之史，而到《晋书·载记》后用来指称那些曾立名号而又被斥为僭伪者的历史记载。

史书未必一定能如实记录历史，而是收集各地事件，再编集成书。中国王朝历史的真实性一直受到质疑，被指是统治者的治国工具。刘知幾称之："自战国以下，辞人属文，皆伪立客主，假相酬答。"其中有诸多不合理或以神鬼描述的文字，如皇帝未出生便有龙气包围之类。而在当时修书时，皇帝必定会对史官加以控制，增加奉承之说话，删除负面事件，如唐太宗的皇位问题。而后代的皇帝亦会对前朝的历史加以篡改，以保证江山正统，清朝的历史则被指是褒扬满族对中国的贡献。

史书典籍列表：《论语》《孟子》《大学》《中庸》《尚书》《礼记》《周易》《春秋左氏传》《诗经》《史记》《汉书》《后汉书》《三国志》《晋书》《宋书》《南齐书》《梁书》《陈书》《魏书》《北齐书》《周书》《隋书》《南史》《北史》《旧唐书》《新唐书》《旧五代史》《新五代史》《宋史》《辽史》《金史》《元史》《明史》《三国演义》《隋唐演义》《东周列国志》《杨家将》《前汉演义》《后汉演义》《两晋演义》《南北史演义》《五代史演义》《残唐五代史演义》《隋唐两朝志传》《元史演义》《明史演义》《清史演义》《民国演义》。

第四节　中华文化的国粹与精髓

中华文明是世界上唯一流传不息的古老文明。在中华文明的发展史中，当然也曾受到外族的侵入或统治，然而入侵者总是迅速地被同化、被融合，这也说明了中华文化中必定有其博大精深的气质。

一、中华文化的国粹

中华文化国粹也就是中华文化的精粹，是指完全发源于中国、起源于中国并属于中国固有文化中的精华。比较常见的概括是在浩瀚的中华文化中提炼了二十大国粹，这二十大国粹是：

（一）《易经》

《易经》是我国最古老而深邃的经典，是华夏五千年智慧与文化的结晶，被誉为"群经之首，大道之源"。《易经》最早是由伏羲创制（同时产生了易经八卦图），伏羲所创的八卦称为"伏羲八卦"或"先天八卦"，以后，又有神农作《连山易》，轩辕黄帝作《归藏易》，殷商末年出现了《周易》。由此可见，《易经》这部哲学经典是由我们中华民族的三位伟大始祖伏羲、神农、轩辕黄帝共同开创完成的。《易经》至今已有 5000~10000 年的历史。到春秋时期，孔子为易经作《易传》。《易经》是我国最早的一部哲学著作，在中国古代思想史上占有非常重要的地位，它不仅对先秦诸子百家产生过巨大影响，而且对中国古代的哲学也产生了巨大的影响。《易经》是中华文化的根基，也是中国哲学的源头。

（二）中医

中医是中国的传统医学，中医一般是指中国以汉族劳动人民创造的传统医学为主的医学，所以，中医也称为汉医。"中医学"包含"中药学"，我国自古以来就有"神农尝百草，始有医药"的传说，因此，中药源于距今7000年前的神农时代，中药的鼻祖就是我们中华民族的伟大始祖神农。中医的理论基础和源泉就是《黄帝内经》。《黄帝内经》是中国现存最早的中医理论专著，它确立了中医学独特的理论体系，成为中国中医药学发展的理论基础和源泉。《黄帝内经》是中国第一部中医理论经典，是中医理论基础的奠基之作。《黄帝内经》这部伟大的中医经典完成于距今5000年前的轩辕黄帝时代，因而，我们中华民族的伟大始祖轩辕黄帝就是中医的鼻祖。综上所述，中药和中医的鼻祖就是我们中华民族的伟大始祖神农和轩辕黄帝。

针灸由"针"和"灸"构成，是中医学的重要组成部分之一，其内容包括针灸理论、腧穴、针灸技术以及相关器具，在形成、应用和发展的过程中，具有鲜明的汉民族文化与地域特征，是基于汉民族文化和科学传统产生的宝贵遗产。针灸，是针法和灸法的合称。针法是把毫针按一定穴位刺入患者体内，运用捻转与提插等针刺手法来治疗疾病。灸法是把燃烧着的艾绒按一定穴位熏灼皮肤，利用热的刺激来治疗疾病。针灸疗法是中医学遗产的一部分，针灸是一种中国特有的治疗疾病的手段。

(三) 中华衣装（汉服或华服）

中华衣装，也称华夏衣冠，也就是"汉服"。汉服，是中国汉族的传统民族服饰，又称为汉装、华服。其由来可追溯到三皇五帝时期一直到明代，连绵几千年，华夏人民（汉族）一直不改服饰的基本特征，这一时期汉民族所穿的服装被称为汉服。自炎黄时代黄帝垂衣裳而天下治，汉服已具基本形式，历经周朝代的规范制式，到了汉朝已全面完善并普及，汉人汉服由此得名。随后，各朝代的汉服虽有局部变动，但其主要特征不变，均是以汉代为基本特征。汉服（华服）是非常美丽的服装，最能体现汉族人儒雅内秀、神采俊逸、雍容华贵、美丽端庄的气质。

(四) 丝绸技术

中国是世界上最早发明丝绸（养蚕缫丝织绸）的国家，而做出发明丝绸（养蚕缫丝织绸）这一伟大贡献的发明家，就是我们中华民族的伟大始祖轩辕黄帝的妻子嫘祖。在5000多年以前，勤劳、智慧、聪明的嫘祖就发明了丝绸（养蚕缫丝织绸技术），嫘祖作为中华第一夫人，与黄帝并列为"人文初祖"，嫘祖被誉为"人文女祖"。嫘祖为人类的文明做出了杰出的贡献，被后世尊为"先蚕"，享誉海内外。嫘祖教民养蚕缫丝，建立了光照千秋的功业，被称为"蚕母娘娘"。由于嫘祖创造了丝绸文明，功高天下，自周代起就被尊奉为"先蚕"，民间尊称为"蚕神"，爱称为"嫘姑""丝姑""蚕姑"，历来受到各族人民的无限崇拜。嫘祖"养天虫以吐经纶，始衣裳而福万民"，开启了享誉中外的丝绸文明，泽被天下。韩国、朝鲜及东南亚国家都隆重祭祀嫘祖。西方国家认识中国是从认识丝绸开始的，因而最早称中国为"赛里斯国"，即丝绸之国。嫘祖发明的种桑养蚕缫丝织绸技术，堪称在"中国四大发明"之前的"中国第一大发明"。丝绸，是人类最伟大的发明；丝绸，是人类最美丽的发明。

（五）茶文化

我国是世界上最早发现茶树和利用茶树的国家。中国是茶的故乡，这是世界公认的。茶，是中华民族的国饮。饮茶、种茶、制茶都起源于我国。我国第一部药学专著《神农本草经》记载："神农尝百草，日遇七十二毒，得茶而解之。"这说明，在距今7000年前的神农时代，中国就发现了茶叶，并且知道了茶叶具有神奇的药用。因此，我们中华民族的伟大始祖神农是中国的茶叶鼻祖。神农不仅是中国的茶叶鼻祖，同时，神农也是全世界的茶叶鼻祖。茶叶，是最天然、最健康的饮料，也是最具有文化内涵的饮料。茶叶具有健康、天然、文化、文明以及时尚的非凡魅力，受到全世界人们的喜爱。

（六）瓷器的制作技艺

中国是瓷器的故乡，举世闻名的中国瓷器是中华民族的伟大创造和发明。瓷器是中国古代文明的象征，也是中华民族的文化瑰宝。中国发明的瓷器，是中华民族对世界文明做出的伟大贡献。中国号称"瓷之国"，中国所制造的精美的瓷器为全世界人民所喜爱。中国是瓷器的发源地，被誉为"瓷器之国"。中国的瓷器制造技术传到世界各国，为中外文化交流做出了重要的贡献，中国也博得了"世界瓷国"的光荣称号。

（七）书法与国画

中国的汉字为中华民族的繁衍和发展、为中华文明和中华文化的保存和传承做出了不朽的功绩。书法是中国特有的一种传统艺术。中国的汉字，开始以图画记事，经过几千年的发展，演变成了当今的文字。又因祖先发明了毛笔，便产生了书法，书法是汉字的书写艺术。殷商时期的甲骨文，周朝的金文、石刻文，秦代的篆书，汉代的隶书，从东晋到唐朝的楷书、行书、草书，到了唐代，中国的书法艺术到达成熟，并且繁荣。中国的书法有5种基本书体：篆书、隶书、楷书、行书、草书。中国的汉字在漫长的演变发展的历史长河中，一方面起着思想交流、文化继承等重要的社会作用，另一方面它本身又形成了一种独特的造型艺术。书法不仅是中华民族的文化瑰宝，而且在世界文化艺术宝库中独放异彩。在中国历史上，出现了许多的大书法家，其中东晋时代的王羲之是中国伟大的书法家，被后人尊为"书圣"。王羲之的书法作品《兰亭序》流传千古，天下闻名。《兰亭序》被公认为"天下第一行书"。

国画，是中国汉族传统绘画形式。国画是用毛笔蘸水、墨、彩作画于绢或纸上，这种画种被称为"中国画"，简称"国画"。国画是我国传统绘画（区别于"西洋画"），其工具和材料有毛笔、墨、国画颜料、宣纸、绢等，题材可分人物、山水、花鸟等，技法可分工笔和写意，它的精神内核是"笔墨"。

（八）古琴与民族音乐

古琴，也称瑶琴、玉琴、七弦琴，为中国最古老的弹拨乐器之一。古琴是在孔子时代就已盛行的乐器，有文字可考的历史有四千余年，据《史记》载，琴的出现不晚于尧舜时期。琴的创制者有"伏羲作琴""神农作琴""舜作五弦之琴"等说，可以看出，古琴在中国有着悠久的历史。古琴最初只有五根弦，内合五行（金、木、水、火、土），外合五音（宫、商、角、徵、羽）。后来周文王加弦一根，是为文弦；武王伐纣，加弦一根，是为武弦。合称文武七弦琴。在中国古代，"琴棋书画"历来被视为文人雅士修身养性必修之艺。古琴因其清、和、淡、雅的音乐品格寄寓了文人凌风傲骨、超凡脱俗的处世心态，而在音乐、棋术、书法、绘画中居于首位。吹箫抚琴、吟诗作画、登高远游、对酒当歌成为文人士大夫生活的生动写照。春秋时，孔子酷爱弹琴；伯牙和子期"《高山》《流水》觅知音"的故事，成为千古佳话；魏晋时期的嵇康给予古琴"众器之中，琴德最优"的至高评价，终以在刑场上弹奏《广陵散》作为生命的绝唱。古琴是最高雅的乐器。古琴十大名曲：《广陵散》《高山流水》《平沙落雁》《酒狂》《关山月》《潇湘水云》《阳关三叠》《梅花三弄》《胡笳十八拍》《幽兰》。中国古代十大名曲：《高山流水》《广陵散》《平沙落雁》《梅花三弄》《十面埋伏》《夕阳箫鼓》（又名《春江花月夜》）《渔樵问答》《胡笳十八拍》《汉宫秋月》和《阳春白雪》。

（九）围棋、中国象棋

围棋是一种古老的智力游戏，起源于中国，是中华民族的伟大发明。围棋是中国"五帝"之一的尧帝发明的，至今已有 4000 多年的历史。围棋最早被称为"弈"或"棋"，后来有人根据下棋时黑白双方总是互相攻击，互相包围的特点，称"下棋"是"围棋"。这样，"围棋"作为一个专用名词就固定下来。围棋属"中国古代四大艺术"（琴棋书画）

的"四艺"之一。"琴棋书画"之"棋"，指的就是围棋。南北朝时候，棋盘定型为现在的 19 道棋盘，并且出现了评定棋手水平的围棋九品制。围棋逐渐成为中国古代知识阶层修身养性的一项必修课，为"琴棋书画"四艺之一。唐代出现了棋待诏官职。中国的围棋在公元 7 世纪（中国唐朝）时传入日本，很快就在日本流行开来。围棋被人们形象地比喻为"黑白世界"。围棋是我国古人喜爱的娱乐竞技活动，同时也是人类历史上最悠久的一种棋戏。由于它将科学、艺术和竞技三者融为一体，有着发展智力、培养意志品质和机动灵活的战略战术思想意识的特点，因而，几千年来长盛不衰，并逐渐地发展成了一种国际性的文化竞技活动。围棋的规则十分简单，却拥有十分广大的空间可以落子，使得围棋变化多端，比中国象棋更为复杂。这就是围棋的魅力所在。下一盘围棋的时间没有规定，快则 5 分钟，慢则几天，多数时候下一盘棋需要一到两个小时。下围棋对人脑的智力开发很有帮助，可增强一个人的计算能力、记忆力、创意能力、思想能力、判断能力，也能提高人对注意力的控制能力。因此，围棋是一种高级的智力游戏。中国人所发明的围棋，最能体现中国古代的哲学思想。令人惊奇的是，中国的围棋也非常符合现代科学（天文学、宇宙学）的原理与自然规律。围棋的规则是非常简单的，在所有的棋类中，围棋的规则是最简单的。但是，围棋的棋局又是非常复杂的，千变万化以至无穷。中国的围棋包含着在远古时期中华民族先人的智慧，奥妙无穷，是非常绝妙的发明。

中国象棋在中国有着 3000 多年的历史，属于二人对抗性游戏的一种。由于用具简单，趣味性强，成为流行极为广泛的棋艺活动，是我国正式开展的 78 个体育项目之一。在中国古代，象棋被列为士大夫们的修身之艺，现在则被视为怡神益智的一种有益身心的活动，有着数以亿计的爱好者。象棋不仅能丰富文化生活，陶冶情操，更有助于开发智力，启迪思维，锻炼辩证分析能力和培养顽强的意志。中国象棋是由两人轮流走子，以"将死"或"困毙"对方将（帅）为胜的一种棋，是二人对抗性游戏的一类运动。对局时，由执红棋的一方先走，双方轮流各走一招，直至分出胜、负、和，对局即终了。

在棋战中，人们可以从攻与防、虚与实、整体与局部等复杂关系的变化中提升思维能力。中国象棋历史悠久，它难易适中，基本规则简明易懂，古今中外男女老少皆宜，变化丰富细腻，棋盘棋子文字都体现了中国文化。象棋是中华民族的传统文化，不仅在国内深受群众喜爱，而且流传国外。

（十）中国功夫（武术、太极拳、气功）

武术是打拳和使用兵器的技术，是中国传统的体育项目。武术又称为国术或武艺，其内容是把踢、打、摔、拿、跌、击、劈、刺等动作，按照一定规律组成徒手的和器械的各种攻防格斗功夫、套路和单势练习。中国汉族武术历史悠久，最早可以追溯到商周时期。武术具有极其广泛的群众基础，是汉族劳动人民在长期的社会实践中不断积累和丰富起来的一项宝贵的文化遗产，是中国汉民族的优秀文化遗产之一。

太极拳是中国武术的一种，归类为内家拳。20 世纪 40 年代以后，被国家体委统一改编作为强身健体之体操运动、表演、体育比赛用途。中国改革开放后，部分还原本来面貌，从而再分为比武用的太极拳、体操运动用的太极操和太极推手。传统太极拳门派众多，常见的太极拳流派有陈、杨、吴、武、孙、赵堡、武当等，各派既有传承关系，相互借鉴，又各有自己的特点，呈百花齐放之态。由于太极拳是近代形成的拳种，流派众多，群众基础广泛，因此是中国武术拳种中非常具有生命力的一支。

气功是一种以呼吸的调整、身体活动的调整和意识的调整（调息、调形、调心）为手段，以强身健体、防病治病、健身延年、开发潜能为目的的一种身心锻炼方法。气功的种类繁多，主要可分为动功和静功。动功是指以身体的活动为主的气功，如导引派以动功为主，特点是强调与意气相结合的肢体操作。而静功是指身体不动，只靠意识、呼吸的自我控制来进行的气功。大多气功方法是动静相间的。

二、中华文化的精髓

中华文明是世界上唯一流传不息的古老文明。在中华文明的发展史中，当然也曾受到外族的侵入或统治，然而入侵者自己总是迅速地被同化、被融合，这也说明了中华文化其中必定有其博大精深的气质。

那么，究竟这个优秀的民族——中华民族该如何解析呢？它又包括哪些人？一般外国人的书写工具解释得极为简单，不论是"中华民族"抑或是"汉族""中国人"都称之为Chinese。实际上，中华民族就是中国全族及华夏民族的总称。中国的名称最早出现于西周，是因天子所居之城处于中央地带而取名的；而华夏则只以夏朝作为原始阶段、以西安华山作为原始部落的族称。中华民族乃是以汉族为主，包括海外华人及中国境内 56 个民族所统一而成的民族。

中华民族是一个古老的民族，也是一个有深厚文化底蕴的民族。这五千年长久历史的中华文化，她绵延起伏、生生不息、和谐万古，迄今成为世界人类史上没有中断的唯一文化。也因为如此，文化成为中华民族的骄傲。

当研究其他古文明时，现代人已无法解读他们祖先的文字，以致难以了解自己的文明始末；而现代的中华民族却仍能读懂几千年前的文字，在发达前进的社会中追溯古老绵长的文化。汉字是经过长久历史流传下来的，也是现存的唯一表意文字，因此在研究中华文化中扮演了重要的地位。

中华文化是中华民族生生不息、团结奋进的不竭动力，蕴涵着优秀的传统，中国人民大学原校长纪宝成教授将中华文化的精髓做出了六个方面的概括。

（一）国家民族立场上的统一意识

在我国漫长的历史发展过程中，国内诸民族经历了战和更替、聚散分合、迁徙融汇，却始终不曾割断共同的文化传统，文明认同始终如一。而能够达到这一境界，其根本原因就是国家统一的理念渗透于中华民族的血液中，成为人们一致的价值取向与理想追求。

（二）为政治国理念上的民本要求

民本思想萌生于西周初年，当时的统治者在政治思想领域提出了"敬德保民"的命题。春秋时期，"重民轻神""恤民为德"成为较为普遍的思潮。秦汉以降，"重民爱民"成为历代王朝宣称的基本政治原则之一。这对于缓和社会矛盾、维系社会相对稳定产生了深远的影响。

（三）伦理关系处理上的仁义主张

仁义是中国古代处理人际关系、治理国家的基本理念，并以此为核心形成了一整套的伦理价值观念。这些观念可以用"仁、义、礼、智、信"五个字来概括，以此为基础，确立了一系列解决和处理各种复杂社会关系、满足历史社会伦理基本需求、完成个人人格健全的道德规范。

（四）事业追求态度上的自强精神

早在《周易》中，就有了"天行健，君子以自强不息"这种事业追求上的奋斗精神。孔子主张"三军可夺帅也，匹夫不可夺志也"，孟子提倡舍生取义，推崇大丈夫精神，这些都已经成为中华民族的普遍心理认同。正是这种根深蒂固的文化传统，塑造了无数志士仁人的高尚人格，磨砺了中华民族生生不息的自强精神。

（五）解决矛盾方式上的中庸选择

"中庸"就是合宜的分寸、合宜的"度"，恰到好处，收放恰宜。孔子提出"中庸"的概念。在孔子看来，凡事都必须做到不偏不倚，无过无不及，不走极端。孔子把这种"中庸"之德定位为极高的道德境界与政治智慧，以之为人们处世接物的高明艺术。

（六）社会理想上追求"小康大同"

小康，最早源出《诗经》："民亦劳止，汔可小康。"而作为一种社会模式，小康最早在西汉《礼记·礼运》中得到系统阐述，成为仅次于"大同"的理想社会模式。它相对于"大道行也，天下为公"的大同社会，是"大道既隐，天下为家"的理想社会的初级阶段。"大道之行也，天下为公"是对理想社会的描述和追求。中华传统文化，流光溢彩，缤纷灿烂；起源于过去，运用于现在，影响着未来。

第三章　传统文化的类型、特征与基本精神

第一节　传统文化的类型与特征

一、中国传统文化的类型

（一）文化类型说

文化类型，是不同的民族文化适应环境而产生的各种文化特质相互整合的核心特征丛，不是全部的文化特质或文化元素的总和或集合，而是指那些有代表性的，具有因果联系的特征。这些特征都与文化结构相关，具有功能上和生态上的联系，代表着一个特殊的时间顺序和发展水平，彰显了各民族之间的本质差别。

随着文化学研究的深入，目前关于文化类型的讨论，主要有以下几种观点：观点一，按地理环境区分文化类型。该观点认为，任何民族文化的产生、衍变、丰富、发展都是在特定的自然地理环境中发生的，在独特的社会政治、经济土壤里完成的。古代中国"负陆面海"，地域广阔，自古就形成了几种不同的文化类型——河谷型、草原型、山岳型和海洋型。

草原型文化具有流动性和外向性的特征；山岳型文化的封闭性和排他性的特征突出；海洋型文化的开放性和冒险性较强；河谷型文化具有内聚力和容纳性强的特征，是一种以农业为主体的混合型文化，有较大的伸缩性和较强的适宜性，有很强的容纳、吸收和同化其他文化的潜力。

中国文化属于河谷型文化。几千年来，中国文化不断融合和同化了草原文化、山岳文化和海洋文化，内涵日益丰富和充实，并且始终保存着自己的发展基因。但是，河谷型文化是一种单向的发展类型，文化结构的单一化倾向和文化心态的自我优越感，给中国社会发展也带来了不良影响。

观点二，按照生计方式和观念文化的内在联系进行分类，将文化分为农业文化、工商文化和游牧文化等。

该观点认为，中国文化孕育诞生在一个农业宗法社会的母体中。大约在氏族社会后期，中国就进入了以农耕为主要生计方式的农业社会，农耕经济一直是中国古代社会经济的主干。纵观中国农耕文化从萌芽到发达的历史，经济结构在很大程度上给中国文化以影响。长期以农耕为主要生计方式，对中华民族的社会心理和思维方式产生了极大影响。人们安土重迁，追求生活的稳定与安宁，缺乏冒险精神。

观点三，审视中国文化的形成、发展历程，认为诸家思想学说，构成了中国文化的主体内容和核心。还有观点认为，依据不同的标准可将中国传统文化分为不同的类型。一种是中国传统文化的雅俗之分。中国传统文化中的雅文化，也可称为士大夫文化或精英文化；俗文化，也可称为通俗文化或大众文化。雅文化居于中国传统文化的主导地位。另一种是中国传统文化的山庙之分。中国传统文化中以列子思想为核心的山林文化，亦可称为隐逸文化；以孔子积极有为、自强不息的经世思想为核心，以入世为特征的庙堂文化，是中国传统文化中的结晶与精髓。

上述分类，是依据中国传统文化的特点以及特点的内在联系划分的。由于各特点相互联系、相互作用，以上划分的类型只是相对的。由以上可知，中国传统文化类型是指中华民族所创造的区别于其他民族而独具特色的文化形式，它表现为中华民族所具有的共同的价值观念、思维方式、心理状态和精神面貌等思想文化特征。

（二）中国传统文化的伦理类型

与具有悠久历史的异文化（如希腊罗马西方文化、印度文化）相比较，中国传统文化的伦理类型突出。希腊罗马西方文化传统中，一以贯之的对外界事物的实质、秩序、规律的探索，属于理性文化类型。中国传统文化则立足于人的生存，始终思考和阐述着人应如何做人，人应如何处世，个人与群体与他人应建立、保持怎样的关系。所以，中国传统文化是一种充斥着积极入世情绪、充斥着人伦道德精神的文化。

就中国文化把人置于世界中心地位的"重人"特点而言，可被称为"人本主义"。不过这种"人本主义"，并不同于近代西方以个性解放、自由民主为旗帜的人本主义，而是将人与自然、社会和谐共生的集体主义的自觉。所以，中国传统文化是一种以人伦道德为基础和主导的伦理型文化。

1. 中国传统文化的伦理类型与宗法制度的关系

中国传统文化的伦理型特征，是多种因素共同作用的结果；但是，可以肯定的是，这与中国古代社会宗法制度的影响密不可分。中华民族是在原始血缘纽带未充分解体的情况下进入阶级社会的，"血亲"意识在全体社会成员心目中是挥之不去的，被直接转化成了法律条文，例如，"不孝"成了犯法者的"首恶"大罪。并且宗法制度下统一广泛的伦理道德要求，已经内化为人们普遍的社会心理和行为规范。

与西方文化不同，中国文化强调"百善孝为先"，"孝"是中华民族古已有之的美德。中华民族浓烈的"孝亲"情感，被宗法制度进一步强化、凸显，置于一切道德规范的核心地位。《孝经·开宗明义》即说："夫孝，始于事亲，中于事君，终于立身。"把忠君、敬长、尊上等都看作孝道的延伸，并把"尊高年，所以长其长；慈孤弱，所以幼吾幼"当作"孝"的推广。因此，"圣人"便可以"以孝治天下"了，这也正是宗法制度的内在逻辑。

2. 诸学派、学者对中国传统文化伦理类型的关注和认同

先秦时期，奠定了整个中国文化的基调。诸子百家的思想学说成为之后两千年中国文化的总纲领。尤其是孔子和老子的思想，构成了中国传统文化的两股主流，被奉为传统文化的源头，也最能彰显中国传统文化的特征。老子从本体论的高度说明"万物莫不尊道而贵德"的道理。他认为，"重积德则无不克，无不克则莫知其极。莫知其极，可以有国"。孔子则把道德伦理与社会政治紧密结合。他认为，"政者，正也。子率以正，孰敢不正？""苟正其身矣，于从政乎何有？不能正其身，如正人何？""其身正，不令而行；其身不正，虽令不从。"以上是对为政者的道德要求，而从治理国家人民的角度来说，孔子也主张以人伦道德为手段和目的。孔子认为，"道之以政，齐之以刑，民免而无耻；道之以德，齐之以礼，有耻且格。"在人与人的关系上，孔子主张"己欲立而立人，己欲达而达人""己所不欲，勿施于人"。

汉代董仲舒主张"罢黜百家，独尊儒术"，把孔子思想推上了统治中国两千年历史社会的巅峰地位，之后中国的思想文化和社会生活深深地打上伦理道德的烙印，以"三纲五常"为核心的伦理成为不可动摇的礼教。"天为君而覆露之，地为臣而持载之；阳为夫而生之，阴为妇而助之；春为父而生之，夏为子而养之……王道之三纲，可求于天。"《白虎通义》上说："子顺父，妻顺夫，臣顺君，何法？法地顺天也。"如此这般，历史伦理道德与政治制度、宗法制度密切结合的"礼教之网"，把一切社会现实与理想、人格与价值都纳入个人道德实现的过程中。

墨子和管子的思想也不同程度地带有伦理色彩。墨子"兼相爱，交相利"的社会理想，体现了他对"相爱相亲"伦理关系的渴望。管子倡导"四维七体"的道德规范，"四维"即"礼、义、廉、耻"，"七体"即"孝悌慈惠，恭敬忠信，中正比宜，整齐撙诎，纤啬省用，敦懞纯固，和协辑睦"，体现了管子对人伦道德的密切关注与重视。

北宋的张载认为，"乾称父，坤称母；予兹藐焉，乃混然中处。故天地之塞，吾其体；天地之帅，吾其性。民，吾同胞，物，吾与也。"不难看出，张载把人伦道德观念贯彻于天地万物中，使宇宙万物的存在与发展都打上了伦理道德的色彩。

中国贵重三纲，而西人首明平等；中国孝亲，西人尚贤；中国以孝治天下，而西人以公治天下；中国尊主，而西人隆民；中国贵一道而同风，而西人喜党居而州处；中国多忌讳，而西人重讥评。其于财用，中国重节流，而西人重开源；中国追淳朴，而西人求欢娱。其接物也，中国美谦屈，而西人务发舒；中国尚节文，而西人乐简易。其为学也，中国夸多识，而西人尊新知。其于祸灾也，中国委天数，而西人恃人力。

中国传统文化的伦理特征，不仅中国学者关注和认同，国外学者基于异文化的视角更清晰地看到了中国文化的伦理特征。斯宾格勒认为，道德灵魂是中国文化的基本象征符号。黑格尔说："中国纯粹建筑在这一种道德的结合上，国家的特性便是客观的家庭孝敬。"在中国，在某种意义上有一个极其令人赞佩的道德，再加上有一个哲学学说，或者有一个自然神论，因其古老而受到尊敬。

3. 中国传统文化的伦理特征渗透于社会文化各领域

中国文化的伦理特性渗透到中国人的宇宙观、世界观、人生观和知识论当中，几乎在每一处文化角落皆可寻觅到它的踪迹。渗透的实现大体是通过两个途径完成的：

其一，"人与自然和平相处"的古老传统观念。中国素有"人与自然和平相处"的主张，该观念把人伦道德与最高主宰"天"连接起来，使伦理道德有了神秘权威、永恒主宰和自然规律的无条件支持，使人不容置疑。六经之首的《易》就提出过"与天地合德"的理想，"裁成天地之道，辅相天地之宜"的思路。该哲学思想的含义是：把人看成宇宙自然的一部分，天人之际便有了人间宗法制度的"亲情"；人类最高的道德理想与天地自然的规律一脉相承，人与天地"合其德"为最高的人生境界。老子则认为，"人法地，地法天，天法道，道法自然。"董仲舒在《春秋繁露》里建构了天人一统图式，阐述了"天人感应"思想，例如，"天尊地卑，男尊女卑""王道之三纲，可求于天"，宣扬历史伦理是"天意"，因而神圣不可侵犯。宋明理学把人伦道德规范称为"天理"。此外，中国历史政治最高集权者称为"天子"，颁布命令则称是"奉天承运"，图章叫"嗣天之宝"。一个人违背了人伦道德规范，被指斥为"丧尽天良"，理应遭到"天谴"等。以上例子，都是人伦即天道的生动体现。

其二，伦理学融入社会文化的各个领域，成为各文化门类的出发点和归宿，以及判定是非得失的最高标准。因此，政治学成为道德评判，政事被归结为善恶之别，正邪之争，君子小人之辨；文学强调教化功能，成为"载道"的工具；史学往往不以存史为基本任务，而以"寓褒贬，别善恶"为宗旨；教育则以德育居首，所谓"首孝悌，次见闻""行有余力，则以学文"，知识的传授退居其次。在中国文化体系中哲学与伦理学相融，主要是一种道德哲学。中国文化熏陶出来的优秀人物，在其流传至今的作品的字里行间，无不洋溢着热烈的道德情感与伦理精神，例如，范仲淹的《岳阳楼记》、张载的《西铭》、文天祥的《正气歌》等。

由以上可知，道德论与本体论、认识论、知识论互摄互涵，相资相证，难解难分，伦理道德学说的确是中国传统文化不容置疑的重心。

4. 中国传统文化伦理类型的优点

以伦理道德为内核的中国传统文化之所以源远流长，是因为它具有的永恒价值。中国传统文化的道德伦理观念激发了人的自觉。一是人作为"类"的自觉。"人之所以异于禽兽者几希。"也就是说，人类有伦理，将人与禽兽区别开来。人处在这个世界上，都有各自的义务与责任，应该践履伦理道德。二是人作为个体的自觉。"人皆可以为尧舜"，即每个人都可以通过道德觉醒和道德磨炼而完善自身，达到最高的生命境界。由道德觉醒而产生的对他人、民族、国家，以至万事万物真诚的义务责任感，就是中国传统文化思想陶冶出的圣洁心灵和理想人格，就是被悠久的历史一代代传承着的中华民族特有的道德观念和生活情理，就是中华民族的根本信念、良心和善。

毋庸置疑，中国传统文化的伦理特质也有缺陷和不足。在人与自然和平相处、道德弥漫的文化氛围中，外在的自然界未被当作独立的认识对象与人伦相分离，以外物为研究对象的科学便遭受冷遇，甚至被放到与道德对立的位置上而遭到压抑和贬斥。王守仁认为，"知识愈广而人欲愈滋，才力愈多而天理愈蔽。"程颢则"以记诵博识为玩物丧志"。因此，自然科学、分析哲学之类便难以获得充分的发展，这也是中国文化没能诞生出近代科学的重要原因之一。不同的生活文化在漫长的历史进程中，中国人形成了独特的生活文化。传统的日常生活就像一条河流，连接着中华民族的过去和现在，最真实地映照出民族性格和民族文化，以最可靠的方式使中华文明传承至今。我们的日常生活中，最基本的生活内容就是衣食住行。衣食住行不仅为每个人所必需，而且也是社会物质发展水平的重要体现。随着社会的发展，不同时代的衣食住行也不断发生着变化，因而有衣食住行的古今差别；不仅如此，即使同一时代，衣食住行也因阶层不同、地区不同、民族不同而显现出各自特点。可以说，中国古人的衣食住行是传统社会文化最鲜明的体现，集中展现着传统社会的伦理特征、价值取向和思想观念。

二、中国传统文化的特征

中国是四大文明古国之一，漫长的历史积淀，使中国传统文化的内容十分丰富，同时又具有非常鲜明的民族特点。对于中国文化的特点，目前，虽然有学者从不同的角度得出许多不同的结论，但本质上是相同的。我们认为，中国文化的特征集中体现在如下几个方面：

（一）典型的伦理型特征

中国古代社会长达数千年，其社会结构模式是一个以血缘关系为主体的宗法专制社会。中国文化特别重视伦理道德，在哲学、文学、艺术等各种文化表现形态中，传统伦理思想处于中心地位，起着支配作用。

（二）强调知行统一，知识与道德统一

中国古代哲学体系，其核心就是伦理道德学说，其宇宙本体是伦理道德的形而上的实体，其哲学理性是道德化的实践理性。人治先于法治，身教重于言教，这是中国文化的传统。

（三）以惩恶扬善为宗旨，强调教化作用

中国文化十分强调"惩恶扬善"和教化作用。如中国古代文学历来就强调"文以载道"，十分重视文学的教化作用，提倡美与善相结合。中国古代文化，无论文学艺术，还是史学、教育都以"惩恶扬善"的教化为目的，渗透了伦理道德观念。

（四）强调"忠、孝"，充满人文精神

中国古代文化特别重视宣传"忠""孝"观念。由于中国文化的强烈的人文精神，才有中华民族巨大的凝聚力，才有数千年辉煌昌盛的文明。但是以孝亲、忠君为核心的历史伦理意识，也是残害人民的精神枷锁，也严重地阻碍了历史车轮的前进。

（五）强大的生命力和凝聚力

中国的文化体系是长期延续发展而从未中断过的文化。这种强大的生命力构成中国文化一个重要特征。在世界上所有古老的文明与文化中，唯有中国传统文化表现出有最顽强的生命延续力。这种无与伦比的生命延续力，使得中国传统文化成为世界上唯一绵延不绝发展至今的一种文化类型。中国传统文化表现出非凡的包容会通精神。中国传统文化在自己的发展历程中，从不抱残守缺，固步自封，而总是能以非凡的包容和会通精神来丰富和完善自己。正是这种包容会通精神，使得中国文化具有了非凡的融合力。

（六）突出的地域性和多样性

中国文化因地理环境多样性而呈现丰富的多样性。中国各地的自然条件千差万别，经济、政治水准也参差不齐。因此，中国文化自其发生期，即因环境的多样性而呈现丰富的多元状态。这些文化因地域不同而各有特色。由于人文地理之异，以至于文化思潮也庞杂多歧：在一定历史时期，不仅各地区学术研究有自己传统的研究领域，反映出文化思潮的连续性和地区间的相对独立性，而且在同一领域中，由于地区间的差别而形成不同的派别。这些派别均因地域得名，反映了地域性的文化分野。中国文化由于在地理位置特殊的半封闭环境中孕育和发展，而具有独立的自成体系的人文内涵。

第二节　传统文化的基本精神

一、中国传统文化基本精神解读

（一）中国传统文化基本精神的内涵

1. 文化精神

在中国古代文献中，"精"是精妙、精粹、精华、精微的意思："神"的主要含义是指玄妙、微妙、奇妙的变化。"精神"，指天地万物的精气、活力，事物运动发展的精微的内在动力。

文化精神是指为本民族大多数成员所认同，贯穿于民族历史全过程的，引导和推动民族文化不断向前发展的基本思想和基本观念。

文化精神是相对于文化的具体表现而言的，具有广泛性、普遍性的精神。文化的具体表现，包括思想意识、社会制度、习惯、器物等层面，无不和内在的文化精神相联系。

2. 文化精神与文化的关系

文化精神是在文化中起主导作用，处于核心地位的基本思想和观念，是被民族成员熟悉的，而不是高深莫测的玄思妙想。

作为文化发展的内在动力和思想基础的文化精神，它本身也是文化发展的产物。文化精神，随着文化的发展演变而发展变化，不断丰富自己的思想内涵。

3. 中国传统文化的基本精神

中国传统文化的基本精神是指中国传统文化中的一些思想观念或固有传统，它们长期受到尊崇，成为指导人们行动的最好原则，成为推动社会历史发展的思想源泉。也可以说，中国传统文化的基本精神体现中华民族蓬勃向上的思想精神，代表中国文化发展的正确方向，是民族延续发展的精神动力，或者说是中华民族生存发展的精神支柱。

中国传统文化基本精神是凝聚在文化现象中，并通过文化现象体现出来的思想基础，指导和推动中国文化不断前进的思想源泉。中国传统文化是历史上积淀下来的有稳定形态的中国文化，包括价值取向、思想观念、思维方式、道德情操、文学艺术、礼仪制度、风俗习惯、科学技术等不同层面的丰富内容。由于中国传统文化的博大精深和丰富多彩，中国传统文化基本精神的思想也不是单纯的，而是一个包含着诸多要素的思想体系。

（二） 中国传统文化精神的特点

作为中国传统文化基本精神的思想观念或文化传统，具有以下特点：

特点一，具有广泛的影响。为大多数中华民族同胞所接受和认同，成为他们基本的人生信念和自觉的价值追求。

特点二，具有维系中华民族生存和发展，促进中国社会进步的积极作用。

必须具有以上两个方面的特点，才可以称为民族文化的基本精神。这是中国传统文化基本精神和其他文化精神共有的特点。

特点三，与异文化相比，中国传统文化精神闪烁着独特的人文主义思想光辉。

与西方的人文主义相比，中国传统文化精神的人文主义又有很大的不同。西方的人文主义认为，每个人都是他自己内在因素的创造物，是自己命运的主宰，是具有理智、情感和意志的独立个体。中国传统文化的人文主义认为，人是具有群体生存需要，有伦理道德、自觉互动的社会成员，每个个体都是他所属关系的派生物，其命运跟群体息息相关。也就是说，中国传统文化把人看成是群体的一分子，是集体中的一个角色而不是个体。

由以上可知，西方文化的人文主义所强调的是自由、平等、权利，中国文化的人文主义所强调的是和谐、义务、贡献，这正是我们论述中国传统文化基本精神的出发点。

（三） 中国传统文化精神和中华民族精神的关系

文化精神与民族精神具有相通性。在解读中国传统文化精神时，必须明确它与中华民族精神的关系。

民族精神，就是民族文化心理结构中长期积淀而形成的整体国民性格，是民族文化传统的相互凝聚和整合。有学者这样论述，在一个民族的精神发展中，有一些思想观念受到人们的尊崇，成为生活行动的最高指导原则。这些最高指导原则是多数人所信奉的，能够激励人心，在民族的精神发展中起着主导作用。这可以称为民族文化的主导思想，亦可简称为民族精神。民族精神必须具备两个条件：一是有比较广泛的影响；二是能激励人们前进，有促进社会发展的作用。因此，广义地讲，民族精神就是指导民族延续发展、不断前进的精粹思想，是民族文化的主导思想。就其性质而言，民族精神是一种伟大、卓越的精神；就其表现形式而言，民族精神是民族文化的优秀传统。从本质上讲，传统文化精神也就是民族精神。

由以上可知，中华民族精神就是中华传统文化思想观念精华的总结与提升。中国传统文化的基本精神，也就是中华民族的精神，是中华民族特定的价值取向、思维方式、社会心理以及审美情趣等内在特质的基本风貌。

（四）中国传统文化精神与文化传统的关系

中国传统文化精神属于观念形态的范畴，凝聚于文化传统中。传统，是历史上形成的，具有稳定的组织结构和思想要素的，至今仍影响着人们的价值观念、思维方式、道德风尚和审美情趣等深层文化的社会心理和行为习惯。

传统的两个基本特征是历史的沿传性和现实的影响性。也就是说，传统是历史和现实的结合体，是历史对现实影响的集中表现。传统并不是一成不变的，而是随着历史的发展而不断完善、更新。

而文化传统，就是受特定文化类型的价值取向影响。经过长期历史积淀而逐渐形成的，为该民族大多数人所接受和认同，在思想和行为上难以改变的心理和行为习惯。

"传统"和"文化传统"两个概念是中性词，属于事实判断的范畴，本无所谓褒贬；但是，当两个概念与民族文化的"基本精神""民族精神"相联系，在价值取向上就与"优秀""进步"密不可分。因为只有优秀的文化传统，才能成为民族文化发展进步的内在动力。

因此，作为中国文化基本精神的具体表现，作为中华民族精神生动反映的那些文化传统，也必然表现为民族文化的优秀传统。

二、中国传统文化基本精神的内容

中国传统文化的丰富多彩，决定了中国传统文化基本精神是包含了诸多要素的思想体系。中国传统文化基本精神的内容，主要包括人与自然和谐共生与以人为本，刚健有为与自强不息，厚德载物与中庸尚和。

（一）人与自然和谐共生与以人为本

1. 人与自然和谐共生

在人与自然的关系问题上，中西文化存在很大的差异。中国文化重视人与自然的和谐统一；西方文化则推崇人通过征服自然、改造自然，求得人的生存和发展。中国的先哲们认为，自然发展与人类发展是互相影响的，人应根据自然变化来调整、规范自己的言行，这样就可以达到天人和谐统一的境界。

古代中国各学派都从不同角度探讨过"天人"关系，即人与自然的关系。因为中国文化是农耕文化，古代物质文化、制度文化和精神文化的创造都离不开农耕的物质基础。

以农耕为主要生计方式，需要研究人与自然的关系，中国很早就有了天文历算。延伸到社会生活中，就有了对"天时""地利""人和"的相辅相成关系的探讨，由此引发了中国文化对"天人之学"持之以恒的艰苦探索。

中国传统文化的人与自然和谐共生精神源远流长。新石器时期，人们的生存、发展主要依赖外界的自然环境，两者之间有着密切的关系。该时期的原始氏族体制下的经济政治结构和血缘宗法治度，使氏族、部落内部维持着自然和谐的关系。以上两方面是产生人与自然，个体对群体的顺从、适应的协调关系观念的现实基础。

人与自然和谐共生精神成熟于先秦。在古典文献五经中，具体地记载了古代人们对人与自然关系的认识。例如，《诗经》中的天人观念是相当丰富的。其中的比、兴手法，将自然物、自然现象和人类社会生活相联系，用情感拥抱自然，使自然人化了。

从传统思想与古代中国国家机构运行及政治、道德实践的关系来看，人与自然和谐共生具有世界观和方法论的意义。天是万物的起源，生出万物，包括人类社会。天地万物像人类社会一样运转着，自然发展变化体现、制约着人类社会的发展变化。日月正常运行时，说明人世间一切正常——君明，臣贤，百姓勤耕和睦；而当人事出了问题——君昏，臣奸，百姓反对，日月也会用反常予以警告。即人之善将得到天之更大的善，人之恶将得到天之更大的恶。基于此，人与自然和谐共生思想成为人们行为的准则。

此外，人与自然和谐共生思想把人作为宇宙中心，强调人是自然系统中不可缺少的有机部分，主张道德原则与自然规律相一致，追求的人生理想是天人和谐。人与自然和谐共生精神具有一定的唯物主义色彩，助力人们研究自然，推动了古代中国科学技术的发展。

人与自然和谐共生作为中国主流文化精神的一部分，延续并影响中国数千年之久，有着丰富的内涵和价值。尽管也存在一定的局限性，但在历史上发挥了积极的作用，至今仍然有不可磨灭的积极意义。

2. 独具特色的以人为本

中国传统文化所具有的人与自然和谐共生精神，是以"人本主义"追求为前提的。"以人为本"的人文精神贯穿于中国传统文化之中，把人作为核心来探讨人与自然的关系，还表现为追求和谐社会的理想主义倾向。

中国传统文化的"人本主义"精神独具特色，既不同于古代西方文化"以神为本"的精神追求，又不同于近代西方文化追求自由、民主的"人本主义"精神。中国传统文化话语中的"人本主义"，强调在天地人之间以人为尊，在人与神之间以人为本。中国传统文化的主体内容、价值取向和基本精神的嬗变，是以人生价值目标和意义的阐明及其实践为核心的。

中国传统文化的发展始终以"人"为中心和根本，侧重人与社会、人与人的关系以及个体的心性修养问题，是一种道德伦理本位的人本主义。中国传统文化的"人本主义"精神，具体表现为以下三个层面：

层面一，中国传统的"人本主义"坚持"民为贵"的民本主义精神。

《尚书》《左传》《国语》等典籍中有多处显示了以民为本的观念，例如，"重我民""唯民之承""施实德于民""夫民，神之主也。是以圣王先成民而后致力于神""民和而神降之福"等说法。

儒家学说中民为邦本的思想更为集中和突出。孔子历来主张重民、富民、教民，在"民、食、丧"这些世间大事中，将民列为首位。孟子从为政之道出发，强调政治统治一定要得民心，合民意，提出了"民为贵，社稷次之，君为轻"的观点，成为历代统治者维护统治的座右铭。荀子的君舟民水的著名比喻，是历代为政者必修的一课。他认为，"用国者，得百姓之力者富，得百姓之死者强，得百姓之誉者荣。三得者具而天下归之，三得者亡而天下去之。"

不仅儒家主张民为邦本，道、墨、法诸家都有以民为贵的重民思想。在漫长的历史社会中，重民贵民的精神不断得到丰富和强化。汉代的贾谊认为，"闻之于政也，民无不为本也。"唐朝君主李世民深谙民贵君轻之道，认为"君依于国，国依于民"。宋代朱熹认为，"天下之务莫大于恤民"。以上先哲们的重民思想，反映了中国传统文化中民为邦本思想的发展与演进，折射了中国人本主义传统的根本所在。在该思想的熏陶下，历代开明的统治者都把重生重德，谋求百姓生活安定作为其基本的统治思想。"民为贵，君为轻"的政治理想，虽然没有否定君主专制，还不是民主思想，只是君主专制的补充，但其进步意义和价值是显而易见的。

层面二，中国传统的"人本主义"是具有道德伦理特征的人本关怀。

与西方近代人文主义追求个体权利、自由、民主的人生价值不同，中国传统的"人本主义"更重视个体对于群体的义务责任，目的是维系社会生活正常的运转。相反，不十分重视个体精神的自由与独立，也不十分重视个体自身的权利。

中国传统文化环境下的个体价值，不在于个体物质欲望的满足，也不是个体精神的愉悦，而是从个体与家庭、宗族和国家的关系上来肯定个体心性的完善。也就是说，中国传统文化所认可的是作为"道德主体"的人。

中国传统的人本主义把人放在伦理关系中来定位。每一个体从诞生便进入了五伦社会关系网络——政治上的君臣关系，社会上的朋友关系，家庭中的父子、夫妇、兄弟关系。该种人与人之间的关系各有其行为规范和道德模式，即君仁臣忠，父慈子孝，夫教妇从，兄友弟恭，朋亲友信。整个文化所关注的是"经夫妇，成孝敬，厚人伦，美教化，移风俗"。而每个个体则在该种人伦关系中寻找自己的位置，履行自己的责任。

中国传统的"人本"是"道德主体的人本"。一方面，个体担负对社会应尽的责任；另一方面，个体又要追求一种主体道德心性的完善。这种完善既是社会的要求，又是个体的自觉。注重个体修养，肯定个体心性完善，是中国传统文化人本主义精神不同于西方的表现。中国传统文化所重视的人，虽然是现世存在的人，却是处于"伦理"关系中的人，体现道德原则的人。

（二）刚健有为与自强不息

刚健有为与自强不息是中国文化的主导精神。中华文明延续了几千年从未中断过，中华民族延续几千年屡遭异族入侵而不被征服，靠的就是刚健有为与自强不息精神。中华民族唯有不断地自强，才能永远自立。

1. 刚健有为与自强不息精神解说

刚健有为与自强不息不仅是中国传统文化的主导精神，也是中华民族最重要的民族精神。与刚健有为、自强不息的积极进取精神相对，中国传统文化也早就存在主静尚柔、涵虚无为的精神，主要以先秦老子学派和宋明理学为代表，但这不是中国传统文化的主导精神。正是这种刚健有为、自强不息的民族精神，推动了中国社会和中国文化的发展。

刚健有为与自强不息精神，可以追溯到中国古代的《尚书》和《诗经》中，这两部典籍蕴含着勤勉稳健、勇猛深沉的奋进气息。例如，对先王"克明峻德，以亲九族""历象日月星辰，敬授人时"功业的颂扬；《诗经》中的"公刘""生民"篇中，描述了周部族诞生之初的创业艰难和不断壮大等。

《周易》对刚健有为与自强不息精神进行了集中概括，不仅明确提出了"刚健"的观念，而且赞扬了刚健精神。例如，"刚健而文明""刚健，笃实，辉光""刚健中正，纯粹精也"等。同时，也明确了"自强不息"精神，例如，"天行健，君子以自强不息""天地之大德曰生"。

孔子是刚健有为与自强不息精神的提倡者和实践者。体现在他的生活态度上是"为之不厌""知其不可为而为之"，结果是"发愤忘食，乐以忘忧，不知老之将至"。孔子还特别强调，"士不可以不弘毅，任重而道远。仁以为己任，不亦重乎？死而后已，不亦远乎？"

儒家学派的后继者们都对刚健有为与自强不息精神做了进一步发展。孟子从人格修养的角度表明，"天将降大任于斯人也，必先苦其心志，劳其筋骨，饿其体肤，空乏其身。"荀子则从天人关系的角度提出"制天命而用之"的著名论断。这种不畏困苦，坚持不懈，努力进取的毅力，就是自强不息的精神。

2. 刚健有为与自强不息精神的具体表现

刚健有为与自强不息作为中国传统文化的主导精神，一直是中华民族奋发向上、蓬勃发展的动力，对国君、人臣以及一般民众，都起到了激励作用。该精神已经浸透在国民的肌体和血液中，化为中国人的思想意识和行为规范，体现在社会生活的方方面面。

在中华民族历史创造活动中，刚健有为与自强不息精神发挥着潜在的支配作用，展示了不同社会群体的风采。上古时期，盘古开天辟地、女娲补天造人、后羿射日、精卫填海、愚公移山和大禹治水等神话传说，都塑造了不怕牺牲的开拓者形象，正是该精神的体现。

先秦时期的知识分子身上，同样能看到这种精神。"西伯拘而演《周易》，仲尼厄而作《春秋》；屈原放逐，乃赋《离骚》；左丘失明，厥有《国语》；孙子膑脚，《兵法》修列；不韦迁蜀，世传《吕览》；韩非囚秦，《说难》《孤愤》；《诗》三百篇，大抵圣贤发愤之所为作也。"

在中国历代有作为的历史帝王身上，也体现了刚健有为与自强不息的精神。例如，秦始皇"奋六世之余烈，振长策而御宇内，吞二周而亡诸侯，履至尊而制六合，执敲扑而鞭笞天下，威振四海"；汉高祖刘邦"大风起兮云飞扬，威加海内兮归故乡，安得猛士兮守四方"。

在民族兴旺发达、繁荣昌盛时期，士子情怀中总是洋溢着一股建功立业的壮志豪情。汉唐将士描述戍边的诗文中，俯拾皆是"匈奴未灭，何以家为"的英雄气概和"请君暂上凌烟阁，若个书生万户侯"的豪迈气势，都表现了该精神。

在民族危亡、外族入侵以及政权更迭的危机时期，中华民族以不屈不挠的精神，进行了顽强英勇的反侵略、反压迫斗争。中国历史上有过无数可歌可泣的英雄人物，如岳飞、文天祥、郑成功、戚继光、史可法等，还有流传千载的"十年生聚，十年报仇""卧薪尝胆"等格言成语。刚健有为与自强不息精神还有一个重要的表现，那就是积极否定、革故鼎新的改革精神。《礼记·大学》中称赞："苟日新，日日新，又日新。"《易传》也肯定了"天地革而四时成，汤武革命，顺乎天而应乎人。革之时大矣哉"。中国历史上为清除积弊而进行了多次著名的变法，例如，先秦时的商鞅变法，北宋的王安石变法，清末的康梁维新等，都是这种革新精神的体现。近代中国的革命先驱者们，更是在该精神的激励下进行改革创新，探求救国救民的真理。刚健有为与自强不息精神还体现在日常生活的各方面。例如，"人穷志不短""刀子不磨要生锈，人不学习要落后"等民间谚语，不少人以"志刚""志强""自强""健"等作为名字，古今骚人墨客所描绘吟咏的青松、翠竹、红梅、菊花、奔马、苍鹰、猛虎、雄狮、高山和大河等形象，都反映了该精神深入人心的社会化、普遍化程度。

（三）厚德载物与中庸尚和

1. 厚德载物与中庸尚和精神的阐释

"地势坤，君子以厚德载物。"这里的"厚德载物"，即以宽厚之道德胸怀，包容万物，对待事物要兼容并蓄的意思。"君子以厚德载物"是说有道德修养的人能宽容不同意见的人。孔子认为："君子和而不同，小人同而不和。"这里的"和""同"与"和谐"有异曲同工之妙。"同"是不讲原则地随声附和；"和"是指容纳不同意见，包容差异性。提倡"君子厚德载物"也具有"君子和而不同"的意思。

中国古代早就有"和而不同"的思想文化传统。西周末年的史伯和春秋末年的晏婴，是较早对和谐进行理论探讨的人。史伯认识到，只有不同元素相互配合，才能使矛盾均衡统一，达到和谐的效果。五味相和，食物才能美味可口；六律相和，乐曲才能悦耳动听；君主善于倾听正反之言，"和乐如一"的局面才能出现。正如史伯所言："和实生物，同则不继。以他平他谓之和，故能丰长而物归之。若以同裨同，尽乃弃矣。"也就是说，不同事物之间彼此为"他"，"以他平他"，即把不同事物融合在一起；不同事物相配合而达到平衡，就实现了"和"，"和"才能产生新事物；如果相同的事物放在一起，只有量的增加而不会发生质的变化，就不可能产生新事物，事物的发展就停止了。

春秋末年的晏婴，用"相济""相成"思想丰富了"和"的内涵。他将其运用于君臣关系上，强调君在处理政务上意见"可否相济"的重要性。"君所谓可，而有否焉，臣献其否，以成其可：君所谓否，而有可焉，臣献其可，以去其否。"这里的"可否相济"便是"和"，通过"济其不及，以泄其过"的综合平衡，使君臣之间保持"政平而不干"的和谐统一。重和去同的思想，肯定事物是多样性的统一，主张以广阔的胸怀，容纳不同意见，以促进民族文化的发展。"天下同归而殊途，一致而百虑"的观点，便是重和去同思想的体现。

厚德载物与中庸尚和的精神，还体现在中国社会生活的各个方面。在民族关系方面，中国传统文化以礼仪道德平等待人，接纳、吸收异民族的优秀文化。汉代司马相如"通西南夷"，以"兼容并包""遐迩一体"为指导思想，招抚周边各少数民族。正是该思想，使汉王朝将不同的民族——"东夷""西戎""北狄"等融合为统一的中华民族。在治国之道方面，兼容天下的胸怀表现为"以君子长者之道待天下"；还有"兼听则明，偏听则暗"的著名成语等都是中国古代重"和"去"同"文化精神的具体体现。

事实证明，"和而不同"的文化精神观，对于中国文化的发展，发挥了十分重要的积极作用。

2. 厚德载物与中庸尚和精神的实现

既然和谐是最好的秩序和状态，是理想的追求，那么怎样才能达到"和"的理想呢？

儒家学者认为，根本的途径在于保持"中"道，并以此规定和谐的标准。"中"指事物的"度"，即不偏不倚，既不要不及，又不过度。儒家用"持中"作为实现并保持和谐的手段。他认为，凡事叩其两端而取其中，便是"和"的保证，也是实现"和"的途径。以"中"为"度"，"中"即是"和"："和"包含着"中"，"持中"就能"和"。

儒学进一步提出"中庸"的概念，使中和观念哲理化。"中庸之为德也，其至矣乎！"强调了中庸是一种最高的道德，是要不偏不倚地把握"中"这个事物运动的总准则。孔子认为，办任何事情都有个标准，不能超过这个标准，也不能达不到这个标准，而应该是完全合乎标准的中正不偏，准确适度，无过无不及。所以"中庸"包含了"和而不同"和"过犹不及"两个方面的内涵。任何事物的最佳状态，都是多种事物的对立统一而构成的和谐。事物对立的两端是客观存在的，叩其两端而用之，在对立的两极之中把握一个最适当的度，正确的态度是"允执其中"。

之后的儒家学者对中庸和谐、贵和持中思想，又不断地进行诠释和发挥。例如，《中庸》将孔子的持中原则从"至德"提高到"天下之大本""天下之达道"的哲理高度，强调通过体认和践履，去实现人与人之间、人道与天道之间的和谐。《易传》将和谐思想具体化为阴阳相分，柔刚定位的观点，推演出社会政治关系中的君臣、君民以及家庭关系中的父子、夫妇之间的尊卑、贵贱，严格规定了阳尊阴卑、刚上柔下的等级秩序。宋儒认为

"不偏谓之中，不倚谓之庸"。

从总体上看，儒家的中和理论是以中庸观为理论基础，以中、和为范畴，以礼为标准，以对统一体的保持以及对竞争、冲突的抑制消除为特征的封闭和谐体系。因此，该理论成为儒者认识世界的基本方法和待人接物的基本原则，并且渗透到整个社会心理中。

从"和而不同"原则出发，孔子主张做事恰到好处，为人坚持原则而又能团结和谐，这的确是一种很高的修养境界。在《论语》中，孔子提出了达到中庸之至德的修养方法。例如，他强调自我修养，自我克制，严以律己，宽以待人，推己及人，行忠恕之道，将心比心，理解别人，用"礼"节制自己的社会行为等等。《礼记·中庸》把中庸之道作为做人必须达到的一种境界，称之为"极高明而道中庸"。如何达到这一境界？《中庸》认为有五个步骤，"博学之，审问之，慎思之，明辨之，笃行之"。

贵和持中思想作为中国伦理政治型文化的基本精神，适应了历史社会大一统的政治要求，又迎合了宗法社会温情脉脉的伦理情感的需要，成为民族的情感心理原则，培育了中华民族的群体心态，体现在中国文化的各个领域。

和谐精神经过长期的历史积淀，逐渐泛化为中华民族普遍的社会心理，例如，政治上的"大一统"观念，经济上"不患贫而患不均"的平均思想，文化上的天下一家情怀，文学上的"大团圆"结局，艺术上的"物我通情相忘"的意境，美学上"以和为美"的审美情趣等等。

贵和持中思想是中国传统文化的精髓，全民族都认同中和观念。人们普遍认识到自己的行为态度要适度，要重视和谐局面的实现和保持，这使得中国社会有某种特殊的凝聚和扩展，产生了积极的影响和作用。客观地说，这抑制了竞争性观念的生长，也为折中主义、明哲保身的处世哲学提供了理论土壤，并成为统治者维护专制主义等级秩序的工具。

三、中国传统文化基本精神的功能

中国传统文化的基本精神作为中华民族精神的具体表现，在中国古代社会的长期发展中发挥了重要的功能，产生了深远的影响。全面了解中国传统文化基本精神的功能，有助于我们更好地把握传统文化的当代价值，促进中国传统文化的传承和发展。

（一）维系民族团结、国家统一的凝聚功能

中国传统文化基本精神的一个重要功能，是维系民族团结、国家统一的凝聚功能。中国传统文化基本精神具有全民性，体现了中华民族的共同心愿，是整个民族精神面貌的体现。中国传统文化不仅具有坚韧的"内聚性"，还对外来的文化具有"拒异性"；这有力地维系着中华民族的文化，使中华民族免受异民族心理、精神的影响。

中国传统文化的"内聚性"和"拒异性"相结合，产生了对外来文化的强大消化力。印度《盂兰盆经》传入中国后，为了适应中国的文化传统，其中的"目连救母"故事便不断改变情节和内容。元代的《目连救母》杂剧，把原本的如来佛改为观音菩萨救难，佛的地位被观音所取代，这与当时佛门声誉败坏，全真道盛行于北方有密切的关系。上演这个故事时，还穿插了"度索""蹬坛""跳圈""窜火"等杂技节目，以迎合中华民族对于戏曲的传统娱乐要求。

中国传统文化中庸尚和的精神，孕育了中华民族崇尚和谐统一的博大胸怀，坚持统一，反对分裂，把国家统一看作天经地义的事。该文化传统对中华一体、国家统一民族文化心理的形成，对国家、社会的长治久安，曾经发挥了十分重要的聚合作用。

中华民族共同心理因素——浑厚、淳朴、崇尚气节和坚忍不拔的特征，是在漫长的历史发展过程中形成的。自古以来，中华民族是由国内各民族祖先共同缔造的。在历史上，虽然各民族之间的关系和战交替、有好有坏，但由于各族之间通过贸易、结盟、通婚以及"大杂居、小聚居"的居住格局等多种方式接触，逐渐成为不可分割的整体。

西周初期，便称中国为"华夏"。之后，历史的潮流便朝向"华夏一体"的方向发展。例如，古书上云"此皆生一父母而阅一和也……是故自其异者视之，肝胆胡越，自其同者视之，万物一圈也"，表达了汉代人渴望民族团结的美好愿望，把中国所有的民族看成是骨肉兄弟。因此，外国人"自其同者视之"，就称所有的中国人为"汉人"了。

中华民族要求民族之间团结友好的愿望与爱国思想是一致的。自古以来，中国就享有"礼仪之邦"的美誉。《诗经》中的《鹿鸣》《木瓜》等诗篇，都反映了中华民族与境外民族礼尚往来的美德。西汉以后，历代王朝政府都派使节出使周边国家，从事外交、文化交流和互利互惠的贸易活动，使节大都"入境随俗"而不是"君临异国"。为中外文化交流做出突出贡献的人物有很多，如张骞、鉴真、郑和等。

（二）培养中华民族健康人格，推动社会进步的激励功能

中国传统文化的基本精神，是民族优秀传统文化的集中体现，对中华民族的每一个成员都有着强烈的激励功能，促进了社会的进步发展。

中国传统文化基本精神反映了中国文化的发展方向，具有激发民族自尊心、自信心和民族自豪感的巨大作用，能够鼓舞人们前行。中国传统文化基本精神是维系中华民族共同心理和价值追求的思想纽带。

在漫长的历史发展过程中，中国传统文化的刚健自强精神，一直激励着中华民族每一

个成员奋发向上、不断前进，与内部的恶劣势力和外来侵略者做不屈不挠的斗争。在孔子时代，刚健自强精神就已经出现。孔子十分重视"刚"的品德。他认为，"刚、毅、木、讷，近仁"。在孔子看来，刚毅和道义是不可分割的，有志有德之人，既要刚毅，又要有历史责任感和时代使命感，"不知命，无以为君子也"。

曾参指出，知识分子要"弘毅"。"士不可以不弘毅，任重而道远，仁以为己任，不亦重乎？死而后已，不亦远乎？"强调人要有担当道义、不屈不挠的奋斗精神。《中庸》中提倡博学、审问、慎思、明辨、笃行的治学之道，主张刻苦学习，不甘人后。"人一能之，己百之；人十能之，己千之。果能此道矣，虽愚必明，虽柔必强"。这不仅体现了儒家对事物、对学问采取的"刚毅"进取态度，也体现了中国传统文化"自强不息"的精神。

中国传统文化的人本主义精神，激励人们尊重个体的尊严和价值，努力在现实社会中去实现个体价值。孔子就努力践行了为崇高理想而不懈奋斗、自强不息的人生态度。他在继续学习的过程中完善自己的人格。"学而不厌，诲人不倦""发愤忘食，乐以忘忧，不知老之将至"就是很好的明证。孔子到 70 岁时达到所谓"从心所欲不逾矩"的境界，究竟在达到这个境界后还有没有可学的？绝大多数儒者认为，即使孔子再多活一个月，多活一天，他还是要继续学习的。基于儒学的立场看，可以说孔子是一个相当平凡的人，如果再活下去，他还要继续学习下去。这种精神就是中国传统文化中的自强不息精神。同时，在实现个体价值的过程中人格发展是全面的，不是片面的，个体的身心灵魂（包括智力、德育、体力等）各个层面都有所发展。该发展的另一特色是辩证的，是一个动力很大，生命力很强的发展，而不是一个逐渐堕落，自我中心逐渐强化的过程。

中国传统哲学的各学派，虽然价值取向不同，但都重视道德修养。中国历代都有重修养、重气节、重独立人格的志士仁人，这是与中国传统文化精神的熏陶和激励分不开的。儒家学说特别强调主体自我修养和道德实践的重要性，鼓励人们通过道德修养来实现高尚情操，成就完善人格。儒家先义后利、重义轻利的价值观，虽然有忽视物质利益和现实功利的弊端，但在提高人的精神境界，把人培养成为有道德、有精神追求的人方面，有着不可否认的积极作用。

（三）整合不同价值，开拓创新的功能

整合不同的价值取向，熔铸成有机的统一体，使其在中华一体的文化格局中有所开拓创新，是中国传统文化基本精神的又一重要功能。中国传统文化的基本精神，是整个中华版图意义上的民族精神。中华民族的家园坐落在亚洲东部，西起帕米尔高原，东到太平洋西岸诸岛，北有广漠，东南是海，西南是山的这一片广阔的大陆上。这片大陆四周有自然屏障，内部有结构完整的体系，形成一个地理单元。这个地区在古代居民的概念里是人类得以生息的、唯一的一块土地，因而称之为天下。这种概念固然已经过时，但是不会过时的是这片土地一直是中华民族的生存空间。

而中华民族多元一体格局的形成和发展，是一个漫长的过程。完整意义上的中国文化不仅是中原之国文化的成熟、定型，也是一个长期发展的过程。中华民族的多元一体格局决定了中国传统文化也是在多元一体的格局下发展起来的。作为中国传统文化基本精神的诸多主体内容，在不同时期、不同地域发挥了不同的作用，对原有的诸多地域文化和不同阶层的文化，发挥了重要的整合创新功能。如，齐鲁文化、燕赵文化、巴蜀文化、荆楚文化、吴越文化、秦陇文化和岭南文化等，都是古代中国人在特定的地域里，经过长期艰苦卓绝的努力创造的，反映该地域社会发展程度的文化。

中华版图内的各地域文化，反映了不同的价值取向，具有自然环境和社会人文特色。各具特色的地域文化，都有中华一体的文化认同意识。正是在这种共同文化精神、民族精神的烛照下，多元发展的地域文化逐渐走向融合，汇聚成中国传统文化的大家庭。汇聚完成后，不同地域文化中的"基因"（价值取向）继续存在，有的被发掘、提升为全民族共同的精神财富。

在中国漫长的历史发展过程中，每一次大分裂后的统一都伴随着文化思想观念上的整合创新。秦朝的统一，使"车同轨，书同文，行同伦"，还立郡县和确立度量衡的标准，在经济、政治和文化上为统一体立下制度化的规范。尔后从隋唐到宋之间的五百多年时间里，是中国文化发展的高峰期，呈现出盛大恢宏的气象，蕴含着深刻的创新精神。该时期文化所具有的开放性和开拓性，与民族成分的大混杂和大融合是高度相关的。

中国传统文化基本精神的整合创新功能，植根于中国古代哲学思想之中，"贵和"思想便是突出一例。在我们的先哲看来，"和实生物，同则不继"。"和"是创新的源泉，万物的生生日新是统一体中"不同"、对立方面整合的结果。正如《易传》中所言，"日新之谓盛德，生生之谓易"。

中国传统文化基本精神，作为中华民族共同的精神成果，在演进的历程中逐渐形成了文化大传统。人与自然和谐相处与以人为本，刚健有为与自强不息，厚德载物与中庸尚和成为中华民族广泛认同的文化精神，超越了地域和阶层，成为稳固的民族文化心理。

中国传统文化基本精神有趋善求治的价值取向，不论在精神层面和行为方式层面，还是社会心理和潜意识层面，都对全民族产生了其他因素所不能取代的影响。例如，人与自然和谐相处精神，激发出"究天人之际"的思想、治学传统，并成为不同时期各思想流派共同的思维方式和价值追求：贵和尚中精神，培育了中华民族反对分裂，追求和谐的整体观念，养成了崇尚中道，不走极端的平和心境。经过长期实践，这些思想观念相互整合，逐步深入人心，并演化为深厚的民族共同心理，以至成为集体的"文化无意识"，塑造了中国传统文化博大、精进、宽厚、务实的精神风貌。

第四章　传统文化发展的重大意义

第一节　增强文化根基

文化自信，是更基础、更广泛、更深厚的自信，是更基本、更深沉、更持久的力量。坚定文化自信，是事关国运兴衰、事关文化安全、事关民族精神独立性的大问题。文化自信是道路自信、理论自信、制度自信的基础，是实现中华民族伟大复兴的根本文化力量。坚定文化自信，对于国家的前途命运，对于中华文化的安全和发展，对于中华民族精神的独立和自由，都具有重大意义。当前，传承发展中华优秀传统文化对于增强民族文化自信具有重大意义。

一、中华文化历史悠久、连绵不断

文化史家柳诒徵说："实则吾民族创造之文化，富于弹性，自古迄今，鲡鲡相属，虽间有盛衰之判，固未尝有中绝之时。"一个民族文化的连续性并非普遍现象，柳诒徵指出：世界开化最早之国，曰巴比伦，曰埃及，曰印度，曰中国。比而观之，中国独寿。世界上民族最大，文化最久的，只有中国。实际上，人类历史上曾出现的古老优秀文明最终整体中断的，除了古巴比伦文明、古埃及文明、古印度文明外，还有玛雅文明、提奥提华坎文明、印加文明、阿兹特克文明等，古希腊罗马文明在欧洲中世纪曾一度湮灭无闻，直到文艺复兴才又重现辉煌。与这些中断的古文明相比，中华文明表现出来的连续性确实非常独特。

第一，源远流长，记录详细。考古学发现表明，中华文化早在距今数万年前的旧石器时代就出现了萌芽，是世界上产生最早的文化之一。文字的发明是文化史的标志性事件。马克思认为，人类社会是由于文字的发明及其应用于文献记录而过渡到文明时代。在我国，很早就有"仓颉造字"的传说，而中国已知最早的成熟文字是甲骨文。自从中国文字产生之后，我们民族的历史就有了文献记载，民族的文化就被生动详细地记录在各种文献中，它们与流传下来的各种文物共同见证了中华文化源远流长、绵延不绝的历史进程。

第二，不断发展，高峰迭起。中国古代儒学由先秦孔子、孟子创立之后，虽遭秦朝的打击和汉初的冷落，其后就进入了不断发展、高潮迭起的历程，先后出现了两汉经学、宋明理学、清代朴学等发展高峰。再以文学为例，从《诗经》《楚辞》开始，中国古代文学不断发展进步、开拓创新，创造出了汉赋、六朝骈文、唐诗、宋词、元曲、明清小说等一系列文学高峰，出现了屈原、司马迁、李白、杜甫、韩愈、苏轼、曹雪芹等一批又一批伟大文学家。这种不断发展、高峰迭起的连续性，表现出中华文化巨大的生命活力。

从历史传承的角度看，与当今世界其他著名文化相比，中华文化不仅产生得早，而且连绵不断。埃及、两河、印度三个地方的古代文明后来都中断了，唯有中华文明五千年来一脉相承、从未中断，一直延续到今天。这种文化上坚韧的连续性，充分说明了中华文化的优越性和先进性。追溯中华文化历史渊源，梳理中华文化历史脉络，探究中华文化历史规律，在中华文化的历史进程中，根植着中华民族最深远牢固的文化自信。

二、中华文化博大精深、成绩辉煌

中华文化不仅历史悠久、连绵不断，而且博大精深、成绩辉煌。每一个历史时期，中华民族都留下了无数不朽作品。中华文化产生过璀璨的文化作品，取得了辉煌的文化成就，积累了丰厚的文化遗产，这些都是增强文化自信的重要资源。

第一，文化要素完备。一种文化必定由七个要素构成，称为"文化七要素"，①经济。②政治。③科学。④宗教。⑤道德。⑥文学。⑦艺术。正是这七个文化要素有机组合构成了一个完整的文化系统。以这个标准评价，中国自从有文字记载以来，中华优秀传统文化的这七个要素都已具备。在这七个要素中，中国古代尤其在政治、道德、文学和艺术等方面水平极高、成就极大，从而大幅提升了整个文化系统的品质。

第二，文化成就辉煌。文化自信不是文化自负，文化自信是建立在对本民族文化清醒认识、强烈认同的基础上。中华优秀传统文化是中华民族增强文化自信的深厚根基，这是因为中华优秀传统文化具有许多世界其他文化无法比拟的先进性和优越性。众所周知，在历史上中华文化曾经创造了辉煌的成就，不仅影响了周边的国家，而且对世界也有深远的影响。实际上，中国古代在哲学、文学和艺术等诸多领域都创造了巨大辉煌。

第三，文化功能强大。许多人协作，许多力量结合为一个总的力量，用马克思的话来说，就造成新的力量，这种力量和它的一个个力量的总和有本质的差别。中华优秀传统文化作为一个文化系统，其整体功能不是各种文化要素功能的简单相加，而是产生了巨大的"整体效应"。中华民族生生不息绵延发展、饱受挫折又不断浴火重生，都离不开中华文的有力支撑。在中华民族的发展壮大过程中，中华优秀传统文化是增强中华儿女民族身份认同的文化标识，是抵抗外敌入侵的精神支柱，是维护我国团结统一的坚强纽带，是推进国家治理的思想源泉，是促进社会稳定有序的道德基础，是滋润人民心灵世界的精神食粮。这种强大的文化功能，直到今天还在发挥着不可替代的作用。

三、中华文化包容创新、前景光明

中华优秀传统文化能够不断发展、连绵不绝，表现出巨大的生命力和创造力，与其内在的包容性密不可分。文化上的包容性，催生文化的生命力和创新力。中华文化的包容性，使中华文化能够在很长时间内不断发展而又高峰迭起，在世界文明体系中处于领先地位。

第一，对内的包容性。考古学发现，中国境内很多地方都有早期文化遗迹，这说明中华文化是多元发生的，是在融合多种不同文化的基础上形成的，中华文化从一开始就具有很强的包容性。先秦时期，中国出现了诸子百家争鸣的生动局面，儒、墨、道、法、名、阴阳、杂、农、兵等思想流派竞相争鸣，产生了如孔子、孟子、老子、庄子、韩非子、荀子等一批思想文化巨人。先秦诸子百家的思想争鸣，为中华文化的包容发展打下了坚实基础。以文学为例，《诗经》开启了中国古代文学的现实主义传统，《楚辞》开启了中国古代文学的浪漫主义传统，这两种风格在文学史上相互激荡，碰撞出无数耀眼的火花。没有这种艺术风格的包容性，就难以出现如李白、杜甫、白居易、曹雪芹等风格各异的文学巨匠。

第二，对外的包容性。自古以来，中华文化对外来文化都有一种兼容并蓄的包容精神。中华民族的疆域由小而大、人数由少而多，这个过程就是中原"诸夏"在文化上不断融合吸纳周边"蛮夷"文化，化"外"为"内"的过程，这种情况最典型的是东晋和南北朝时期的文化融合。西晋末年，北方少数民族大举内迁中原，胡汉文化激荡融合，中原汉文化包容吸纳了来自北方草原的胡文化"野蛮"但充满生气的北族精神，给高雅温文却因束缚于严格传统而冷淡僵硬的中国文化带来了新鲜的空气。魏晋南北朝时期对外来文化的吸纳融合，为璀璨繁荣的盛唐文化打下基础。对外的包容性还表现在中华文化对佛学的吸纳创新上。东汉明帝时期佛学开始传入中国，其后在中华大地上开花结果，甚至出现"南朝四百八十寺，多少楼台烟雨中"的盛况。

包容性产生生命力和创造性。在当前和未来，中华优秀传统文化依然有着旺盛的生命力和光明的发展前途。目前流行全世界的西方文化并非历来如此，也绝不可能永远如此，到了21世纪，三十年河西的西方文化将逐步让位于三十年河东的东方文化，人类文化的发展将进入一个新的时期。中华优秀传统文化历史悠久、结构完整、连绵不断、成就辉煌、包容创新、富有特色，形成了博大精深、丰富多彩、魅力无限的文化体系。中华文化独一无二的理念、智慧、气度、神韵，增添了中国人民内心深处的自信和自豪感。传承发展中华优秀传统文化，展现其历史辉煌和发展前景，激活其无限魅力和时代价值，丰富当代人的精神家园，有利于增强我们的文化自信。

第二节 增强文化滋养与资源

一、提升人民群众丰厚文化滋养

实现中华民族伟大复兴，需要物质文明极大发展，也需要精神文明极大发展。人民群众文化素养的高低，决定着精神文明的程度，也关系着民族振兴、国家富强和人民幸福。文化素养，主要包括哲学素养、历史素养、文艺素养和道德素养等，是现代公民的基本素养。中华优秀传统文化博大精深，是提升人民群众文化素养的丰厚文化滋养。

（一）有利于提升人民群众历史素养

历史是一面镜子，鉴古知今，学史明智。重视历史、研究历史、借鉴历史是中华民族5000多年文明史的一个优良传统。历史素养是现代公民基本的人文素养之一，其内涵主要包括对基本历史知识的掌握，对历史人物事件的评价，对历史发展规律的理解，对历史经验教训的汲取，以及对历史发展趋势的预测。提高人民群众历史素养，对于人们树立正确的历史观，对于增强全民族凝聚力、向心力，对于提升全民族文化素养，乃至对于推进国家治理体系和治理能力的现代化，都具有重大意义。

中华民族历史悠久，注重历史记载，历史资源极为丰富。中国于各种学问中，惟史学最发达；史学在世界各国中，惟中国最发达。中国为世界上历史最完备之国家中国历史有三个特点：一是"悠久"，从黄帝传说到今天有近5000年的历史；二是"无间断"，特别是有文字记载以来中间没有历史记载的空白；三是"详密"，史书题材非常多。中国历史"悠久""无间断""详密"等特点，决定了中国具有极为丰富的历史资源，主要包括海量的历史典籍、深刻的历史经验和优良的史学传统。

第一，海量的历史典籍。中国古代历史典籍汗牛充栋，无人能统计具体数量。唐代史学家刘知幾把中国丰富的历史典籍进行分类，以编年体和纪传体史书为正史，另外还有

"偏记小说"十品，即偏记、小录、逸事、琐言、郡书、家史、别传、杂记、地理书、都邑簿。《四库全书总目》把"史"分为十五类，即正史、编年、纪事本末、别史、诏令奏议、传记、史抄、载记、时令、地理、职官、政书、目录、史评。总之，中国历史典籍数量极为庞大，类别非常丰富。影响较大的历史典籍包括：纪传体正史有二十五种，如《史记》《汉书》《后汉书》《三国志》等，称为"二十五史"；编年史有《春秋》《左传》《资治通鉴》等；纪事本末体史书有《通鉴纪事本末》《圣武记》等；别史有《通志》《续通志》等；政书有《通典》《文献通考》等；学术史有《明儒学案》《清代学术概论》等；杂史有《国语》《战国策》等；史评有《史通》《文史通义》等。这些史书记录了中华民族历经磨难、成长壮大的过程，是中华民族的宝贵财富。

第二，深刻的历史经验。在漫长的历史进程中，中华民族创造了独树一帜的灿烂文化，积累了丰富的治国理政经验，其中既包括升平之世社会发展进步的成功经验，又有衰乱之世社会动荡的深刻教训。中国历史上，"文景之治""贞观之治""开元盛世""康乾盛世"等时代社会稳定、经济发展、文化繁荣的成功经验，秦隋二世而亡、汉唐盛极而衰、魏晋南北朝分裂动荡、两宋文武失衡、明清闭关锁国的深刻教训，都详细记录在各种史书中。另外，中国古代在制度建设、经济发展、变法改革、反腐倡廉、选人用人、修身立德、民族融合、对外交往、国防建设等方面，都积累了极为丰富的历史经验教训。

第三，优良的史学传统。中国古代史学悠久、成绩突出，也形成了良好的史学传统。一是求实的历史记录操守。早在先秦时期，秉笔直书、实事求是就成为史学家的学术操守和崇高美德。二是宽广的历史研究视野。中国古代著名的史学家及其著作，一般都有非常宽广的历史视野。司马迁在撰写《史记》时就明确提出"亦欲以究天人之际，通古今之变，成一家之言"（司马迁《报任安书》）。《汉书》虽为断代史，但也具有恢宏气象，刘知幾称赞它"究西都之首末，穷刘氏之废兴，包举一代，撰成一书。言皆精练，事甚该密"（刘知幾《史通·六家》）。三是致用的历史研究目标。中国古代史学一个重要目标就是"以史为鉴"。孟子论及孔子作《春秋》时说："世衰道微，邪说暴行有作，臣弑其君者有之，子弑其父者有之。孔子惧，作《春秋》。"（《孟子·滕文公下》）孔子作《春秋》的目的就是以史为鉴、警诫后人。宋代司马光编写《资治通鉴》，他说此书"删削冗长，举撮机要，专取关国家盛衰，系生民休戚，善可为法，恶可为戒者，为编年一书，使先后有伦，精粗不杂"（司马光《进资治通鉴表》），宋神宗认为此书"鉴于往事，有资于治道"，所以定名为《资治通鉴》。《资治通鉴》写作的目的就是总结历史经验教训，供统治者借鉴使用。

历史是一个民族、一个国家形成、发展及其盛衰兴亡的真实记录，是前人的"百科全书"，即前人各种知识、经验和智慧的总汇。中华民族丰富的历史资源具有巨大的研究价值，是人民群众提高历史素养的基本材料。人民群众通过阅读中国古代历史典籍，研究中国古代历史资源，可以掌握中华民族生生不息、发展壮大的基本历程，可以汲取历史经验教训，也可从历史中领悟人生智慧、增强思维能力，更好地提高个人境界、推动社会发展。

（二）有利于提升人民群众文艺素养

文学艺术可以美善吾人之性情，崇大吾人之思想，文艺是国民精神所发的火光，同时也是引导国民精神的前途的灯火。凡是第一流的艺术作品大半没有道德目的而有道德影响，荷马史诗、希腊悲剧以及中国第一流的抒情诗都可以为证。它们或是安慰情感，或是启发性灵，或是洗涤胸襟，或是表现对于人生的深广关照。一个人在真正欣赏过它们以后，与未读它们以前，思想气质是不一样的。中国传统文艺作品，特别是朱光潜所说的"第一流的艺术作品"，可以净化人的心灵、陶冶人的情操、提高人的品位，从而提升人的文艺素养。

在中华优秀传统文化中，文学艺术作品数量大、水平高，是中华民族引以为傲的艺术瑰宝。在文学方面，中国古代文学取得了巨大成就。王国维说："凡一代有一代之文学，楚之骚，汉之赋，六代之骈语，唐之诗，宋之词，元之曲，皆所谓一代之文学也，而后世莫能继焉者也。"诚如斯言，至今流传下来的《诗经》、《楚辞》、汉赋、唐诗、宋词、元曲、明清小说等众多文学精品，在思想性和艺术性上都达到了世界顶级水平。屈原、陶渊明、李白、杜甫、白居易、苏轼等人的古典诗歌，《水浒传》《三国演义》《西游记》《红楼梦》《儒林外史》等古典小说，不仅影响了中国，也影响了世界。另外，《孟子》《庄子》等先秦诸子作品，《左传》《史记》《资治通鉴》等历史作品，也都具有很高的文学价值。从原始彩陶、青铜纹饰到明清时期的书法绘画，中国在艺术方面也取得了辉煌的成就，如王羲之、颜真卿、柳公权、张旭、苏轼、黄庭坚、董其昌等人的书法，阎立本、王维、黄公望、倪瓒、文徵明、唐寅等人的画作，关汉卿、王实甫、马致远、白朴、汤显祖等人的戏剧，是中国古代艺术作品的优秀代表。

中国古代文学艺术具有高超的艺术水平。中国古人对文学艺术极其重视，甚至将其作为"经国之大业，不朽之盛事"（《典论·论文》）。因为重视，所以在创作态度上精益求精。唐代诗人贾岛作诗反复"推敲"，称自己作诗"两句三年得，一吟双泪流"（贾岛《题诗后》）。清代小说家曹雪芹"披阅十载，增删五次"，创作出"字字看来皆是血"的旷世杰作《红楼梦》。正是由于这种对文艺创作的极端重视和精益求精的态度，中国古代学者在文艺创作上取得了巨大成就，艺术水准颇高。中国古代文学艺术具有提升人民群众文艺素养的功能。首先，欣赏传统文艺可以提高人的审美品位。中国传统文艺作品数量多、质量高，欣赏传统文艺作品，对于文艺创造者来说，可以提高创造美的能力，从而创造出更好的作品；对于普通人来说，可以提高欣赏能力，从而获得更多的审美体验。其次，欣赏传统文艺可以提高人的精神认知。我们可以从经典中汲取营养，性情也可能会受到感染，从粗俗变得雅致，从野蛮变得文明，实现精神上的蜕变。

（三）有利于提升人民群众道德素养

道德是人们共同生活及其行为的准则与规范，是社会文明和个人修养的基本标志。国无德不兴，人无德不立。一个民族、一个人能不能把握自己，在很大程度上取决于道德价值。对于国家来说，道德水平的高低，在很大程度上决定了国家的文明程度，进而影响着国家的发展和形象。对个人来说，道德是言行举止的规范，代表着个人形象，影响着个人发展。因此，道德素养是现代社会公民的必备素养。在中华优秀传统文化中，中华传统美德内容非常丰富，是今天提高人民群众道德修养的宝贵资源。

第一，中华传统美德。中华传统美德是中华文化精髓，蕴含着丰富的思想道德资源。中华民族是一个崇尚道德的民族，伦理道德在传统文化中占据至高无上的地位。《左传》提出了"三不朽"说，即"太上有立德，其次有立功，其次有立言，虽久不废，此之谓不朽"（《左传·襄公二十四年》），把"立德"放在"三不朽"的首位。孔子说："为政以德，譬如北辰，居其所而众星共之"（《论语·为政》），把"德"放在"为政"的中心位置。孟子认为"人之有道也，饱食、暖衣、逸居而无教，则近于禽兽"（《孟子·滕文公上》），把道德教化视为人与动物的根本区别。正因为如此重视道德，所以中国古人提出和形成了内容丰富、体系完备的道德规范，如仁、义、忠、诚、孝、悌、慈、敬等，以及后来形成的"三纲""五常""三从""四德"等。这些传统道德规范中虽然有很多糟粕，但主流是中华民族的传统美德。中华传统美德内涵丰富，"亲亲而仁民，仁民而爱物"的仁爱精神，"富贵不能淫，贫贱不能移，威武不能屈"的高贵人格，"天下兴亡，匹夫有责"的爱国情怀，"君子坦荡荡"的个人修养，"己所不欲，勿施于人"的处事原则，都是中华传统美德的生动写照。有学者将中华传统美德概括为十项：仁爱孝悌、谦和好礼、诚信知报、精忠爱国、克己奉公、修己慎独、见利思义、勤俭廉正、笃实宽厚、勇毅力行。这些传统美德是中华优秀传统文化的精髓，有着深远的历史积淀和深厚的民意基础，是中国百姓几千年来认可、赞同、习惯了的道德规范，它们在古代曾发挥了重要作用，在今天依然具有重要的价值和强大的生命力。

第二，传统美德典范。榜样的力量是无穷的。我国历来重视榜样教育，把一些道德典范作为"见贤思齐"的榜样，培养人的品格，引导人的行为。中国古代经典《三字经》善于用道德典范进行道德教育，把"香九龄，能温席""融四岁，能让梨""如囊萤，如映雪"等优秀榜样或优秀事迹作为儿童效仿学习的对象。《二十四孝》用二十四个孝子的孝亲故事，培育孩子的孝心孝行，这些孝子也成为古代人民群众耳熟能详、赞扬学习的道德模范。在中国历史上，许多践行中华传统美德的典范的高尚品格和崇高行为具有永不褪色的价值。以"爱国"为例，屈原、霍去病、苏武、花木兰、范仲淹、岳飞、文天祥、于谦、袁崇焕、林则徐、邓世昌等人的爱国精神和爱国事迹依然可以成为今天爱国主义教育的典范。在道德榜样的高尚人格和事迹中，什么是真善美、什么是假恶丑，什么值得肯定赞扬、什么需要反对否定，什么应该做、什么不该做、应该怎样做，都生动具体地显现出来。

第三，传统德育方法。中华民族自古以来就非常重视道德教育，积累了非常丰富的德教理论和实践经验，探索了许多行之有效的德教方法，对于今天的道德建设具有很好的启发意义。一是循序渐进。中国古人已经认识到，人的道德教育是一个循序渐进的过程，不能一蹴而就。古人注重道德教育的阶段性和连续性，儿童道德教育从简单的《三字经》《弟子规》开始，随着年龄的增长逐渐转入"四书五经"的道德教育，有一个循序渐进的过程。二是循循善诱。《论语》上说："夫子循循然善诱人，博我以文，约我以礼。"（《论语·子罕》）循循善诱的教育方法不仅注重教育的次序，更注重教育的效果。"善诱"强调教育的启发性和趣味性，用深入浅出、寓教于乐的教育方法，把枯燥深奥的道德规范变成受教育者爱学乐学的生动内容。三是家庭教育。中华民族自古以来就重视家庭、重视亲情。家和万事兴、天伦之乐、尊老爱幼、贤妻良母、相夫教子、勤俭持家等，都体现了中国人的这种观念。中国人非常重视家庭教育，把家教作为道德教育的重要手段。中国古代留下了许多家训，其中有诸葛亮的《诫子书》、颜之推的《颜氏家训》、司马光的《温公家范》、朱柏庐的《朱子家训》、曾国藩的《家书》等作品都极大地影响了中国历代的家庭教育。

中华民族在长期实践中培育和形成了独特的思想理念和道德规范，有讲仁爱、重民本、守诚信、崇正义、尚和合、求大同等思想，有自强不息、敬业乐群、扶正扬善、扶危济困、见义勇为、孝老爱亲等传统美德。中华优秀传统文化中很多思想理念和道德规范，不论过去还是现在，都有其永不褪色的价值。中华民族历史上形成的宝贵的传统美德、道德典范和德育经验，对于提升人民群众的道德修养，依然能够发挥巨大作用。

二、增强国家文化软实力的丰富文化资源

"软实力"是指"一种依靠吸引力，而非通过威逼或利诱的手段来达到目标的能力"。当今世界各国在综合国力竞争中，越来越重视文化软实力的作用。文化软实力体现为一个国家基于文化而产生的内部的凝聚力和对外的影响力。增强国家文化软实力，与增强国家经济、军事硬实力一样，是实现中华民族伟大复兴的必要条件。我国也非常重视增强国家文化软实力，提高国家文化软实力，关系着中华民族伟大复兴中国梦的实现。中华优秀传统文化源远流长、博大精深，是中华民族的"根"和"魂"，是中华民族几千年来生生不息、不断发展的智慧基础和精神动力，也是当前增强我国文化软实力最深厚的文化资源。

（一）有利于增强中华民族内部的凝聚力

民族有凝聚力，才能保持民族团结、维护国家统一，危难来临才能同舟共济，遇到问题才能共同解决。中华民族自古以来有着强大的凝聚力，这是中华民族始终屹立于世界民族之林的重要原因。中华民族有着 5000 多年的悠久历史和灿烂文化，而且中华文明从远古一直延续发展到今天。为什么中华民族能够在几千年的历史长河中顽强生存和不断发展呢？很重要的一个原因，是我们民族有一脉相承的精神追求、精神特质、精神脉络。弘扬中华优秀传统文化，作用巨大：

第一，增强民族文化认同。一个民族只有对自己民族和国家的历史、现状和未来有着充分的认识和赞同，才能真正激发人民对自己民族和国家产生强烈的认同感，才能由此产生强大的民族凝聚力。当前，一些人对中华优秀传统文化、对中华民族的认同感不强，这无疑不利于民族凝聚力的加强和巩固。要知道，文化之于民族，就像血脉之于人一样具有独特性和重要性。中华优秀传统文化是中华民族的血脉基因，是中华民族之所以成为中华民族的精神标识。弘扬中华优秀传统文化，可以不断强化中华儿女对中华优秀传统文化独特性、重要性的认同，不断强化中华儿女对中华民族辉煌历史和中华文明辉煌成就的认同，不断增强中华儿女对中华民族的归属感、尊严感和荣誉感，从而产生强大的民族凝聚力。

第二，强化民族团结统一。中国为什么会拥有世界上最古老、连续不断的文明？中华文明确实是世界上唯一的既古老悠久，又连续不断的文明，究其原因，无疑是中华优秀传统文化发挥了维系中华民族团结统一的坚强精神纽带作用。我国是一个有着众多民族、广袤土地的大家庭，中华优秀传统文化作为坚强的精神纽带把个人、民族与国家的命运紧紧连为一体，使中华民族始终能够团结统一、不断壮大。当前，弘扬中华优秀传统文化，特

别是弘扬中华优秀传统文化中爱国主义、团结统一的伟大民族精神，有利于增强中华民族的向心力，强化民族团结统一力量。

第三，汇聚民族精神力量。历史上，中国像一个巨大的立方体，在排山倒海的浪潮中，它会倾覆，但在浪潮退去后仍顽强地矗立在那里，以另一面正视世界，永不消失、永不沉没。中华民族几千年来，历经许多磨难，战胜很多强敌，始终能够矗立不倒，是因为中华优秀传统文化在其中发挥了重要作用。每当强敌入寇，中华优秀传统文化中的爱国主义精神，就成为中华民族抗击侵略者金戈铁马的精神长城。面对国家发展的难题，爱国主义成为中华儿女攻坚克难的精神利器。实现中国梦必须凝聚中国力量，需要全体中华儿女同心同德、群策群力。弘扬中华优秀传统文化有利于中华儿女树立大局意识，把个人价值追求融入对国家富强、民族振兴和人民幸福的价值追求中，凝聚发展共识，树立共同理想，汇聚共同力量，为实现中华民族伟大复兴的中国梦努力奋斗。

（二）有利于增强中华文化对外的影响力

古往今来，中华民族之所以在世界有地位、有影响，不是靠穷兵黩武，不是靠对外扩张，而是靠中华文化的强大感召力和吸引力。当前，要成为真正的世界强国，必须传承发展中华优秀传统文化，提升中华文化对外的影响力。

第一，贡献中华文化智慧。我们不仅要让世界知道"舌尖上的中国"，还要让世界知道"学术中的中国""理论中的中国""哲学社会科学中的中国"，让世界知道"发展中的中国""开放中的中国""为人类文明作贡献的中国"。当今世界，虽然和平与发展的世界大势没变，但充斥着冲突与动荡，如果人类要在 21 世纪生存下去，必须回到 2500 年前去汲取孔子的智慧。在国与国、民族与民族之间的关系上，孔子提出的"己所不欲，勿施于人"被西方视为"黄金法则""人类行为的伟大法则"。一些外国的领导人表示："孔子不仅对中国历史发展产生了巨大作用和重要影响，而且对世界历史发展和人类文明进步也产生了积极作用和深远影响；孔子思想和孔子文化不仅在历史上产生过积极作用，对于解决当今世界共同面临的许多问题和难题，仍能提供智慧、启示、借鉴。解决世界上存在的众多问题，中华文化可以大有作为。"

第二，展现中华文化魅力。在中华优秀传统文化中，唐诗、宋词、元曲等诗歌作品，四大名著等小说作品，就其思想性和艺术性而言，并不比起莎士比亚戏剧逊色。21 世纪初，中国文学家"魔幻现实主义融合了民间故事、历史与当代社会"获得诺贝尔文学奖，向世界展现了中国文学的风采。21 世纪初，中国科学家屠呦呦因受中医启发发现青蒿素，"挽救了全球特别是发展中国家的数百万人的生命"，获得诺贝尔生理学或医学奖，向世界展示了中医文化的风采。中华优秀传统文化中有许多具有魅力的精品，如文学、中医、建筑、绘画、书法、音乐、饮食、服饰等方面的作品，都可以提升中华文化的国际影响力。

第三节　推进文化借鉴

要治理好今天的中国，需要对我国历史和传统文化有深入了解，也需要对我国古代治国理政的探索和智慧进行积极总结。中国历史悠久，积累了丰富的历史经验，形成了鲜明的发展理念，产生了丰富的治国理政智慧，这其中的优秀部分至今仍具有巨大价值，能够为今天中国的发展提供有益的借鉴启发。

一、提供历史经验借鉴

"以史为镜，可以知兴替。"（《旧唐书·魏徵传》）古今中外的政治家和思想家都非常重视从历史中汲取治国理政的经验教训。马克思、恩格斯说：我们仅仅知道一门唯一的科学，即历史科学。鲁迅曾指出："历史上都写着中国的灵魂，指示着将来的命运。"治理国家和社会，今天遇到的很多事情都可以在历史上找到影子，历史上发生过的很多事情也都可以作为今天的镜鉴。中华民族历史悠久，在漫长的历史进程中，积累了丰富的历史经验教训，可资当代借鉴。

第一，借鉴成功经验。中国历史上创造过很多值得称道的盛世，如汉朝的"文景之治""汉武盛世"，唐朝的"贞观之治""开元盛世"，明朝的"永乐盛世""仁宣之治"，清朝的"康乾盛世"等。这些时代，国家能够保持长期的社会稳定、政治清明、经济发展、百姓安居、民族和谐、文化繁荣，因此成为后世借鉴成功经验的典范。实际上，历史上的这些盛世，其成功经验是类似的，这些成功经验对于今天的治国理政依然有着重要的借鉴价值。以"贞观之治"为例，《贞观政要》记载，当时社会"商旅野次，无复盗贼，囹圄常空。马牛布野，外户不闭。又频致丰稔，米斗三四钱"（《贞观政要·论政体》）。"贞观之治"的成功经验主要有以下几点：

一是以民为本，致力治国安邦。贞观之初，摆在唐太宗君臣面前的是一个内忧外患的局势。《贞观政要·论政体》中记载："太宗自即位之始，霜旱为灾，米谷踊贵，突厥侵扰，州县骚然。"在国内，隋唐之交的兵灾战祸还没有平复，"玄武门之变"又造成了严重的政局动荡。就在此时，突厥铁骑突然来袭，直抵与长安一水之隔的渭水便桥，唐王朝只得签下城下之盟。在这千钧一发的紧急时刻，唐太宗君臣深入思考和探讨了使国家转危为安、转弱为强的治国之道。他们认为："治国犹如栽树，本根不摇，则枝叶茂荣。"（《贞观政要·论政体》）那么，什么是治国的"本根"呢？是"民"，这样的认识是唐太宗君臣从历史的深刻教训中得来的。从远处说，夏桀、商纣等无道昏君不顾民生疾苦，穷奢极欲，倒行逆施，导致身死国灭。从近处说，隋炀帝"宫中美女珍玩，无院不满。炀帝意犹不足，征求无已，兼东西征讨，穷兵黩武，百姓不堪，遂致亡灭"。基于这些历史教训，唐太宗认识到："凡事皆须务本。国以人为本，人以衣食为本，凡营衣食，以不失时为本。"（《贞观政要·论务农》）"为君之道，必须先存百姓，若损百姓以奉其身，犹割股以啖腹，腹饱而身毙。"（《贞观政要·论君道》）魏征也屡次提醒唐太宗："君，舟也；人，水也。水能载舟，亦能覆舟。"（《贞观政要·论政体》）民安则国安，民富则国富，民强则国强，以民为本就抓住治国安邦的关键，找到了富国强军的捷径。正是由于唐太宗君臣有这样的深刻认识，唐王朝这艘巨轮才驶上正确的航道，向前飞速前进。贞观年间的一系列政策，都秉着以民为本的精神来制定和执行。经过几年的励精图治，一个古昔未有的天下大治局面出现了。

二是任贤纳谏，共图天下大治。"亲贤臣远小人，此先汉所以兴隆也；亲小人远贤臣，此后汉所以倾颓也。"（诸葛亮《出师表》）善于借鉴历史经验又极为推崇诸葛亮的唐太宗一定对这一历史教训感同身受，所以他一再强调"为政之要，惟在得人，用非其才，必难致治"（《贞观政要·崇儒学》）、"致安之本，惟在得人"（《贞观政要·论择官》）。《贞观政要·论任贤》中分别介绍了唐太宗最信任的八位贤臣：房玄龄、杜如晦、魏征、王珪、李靖、虞世南、李勣和马周。正是以这八位贤臣为代表的人才集团，各显神通，勠力同心，造就了"贞观之治"。其实，唐太宗与大臣们的治国理念并不总是一致，有时甚至截然相反。为了更好地治理国家，唐太宗不仅积极"求谏"，而且虚心"纳谏"。唐太宗认为"人欲自照，必须明镜；主欲知过，必藉忠臣"，他常"思正人匡谏，欲令耳目外通，下无怨滞"，希望能够"闻谏净，知政教得失"（《贞观政要·论求谏》）。因此，唐太宗广开言路，鼓励谏言，并采取一些重要措施来保证言路畅通。例如，他健全了封驳制度，甚至诏令宰相入阁议事时谏官列席，以便谏官对军国大政充分发表意见。当然，"求谏"是否真诚，关键看能否虚心"纳谏"。虽然贞观初期与后期唐太宗在纳谏态度上有所变化，但总的看来还算能从谏如流。唐太宗在"求谏""纳谏"中纠正错误，匡正时弊，总是能做出最合理的决策。贞观年间，经济社会取得了长足进步，国家富强，人民安居。对此，历史学家范文澜指出："纳谏和用人是唐太宗取得政治成就的两个主要原因。"所谓"贞观之治"，从某种意义上说就是"任贤""纳谏"致治。

三是修德遵法，促成安定和谐。隋末唐初，国内战火不息，盗匪横行，社会一片混乱，全国户数减少竟达 2/3。唐太宗执政之后，数年之间社会变得安定和谐，秩序井然，欣欣向荣。贞观四年，国家治安良好，全国判处死刑的囚犯全年才二十九人。政府也非常清廉，腐败情况很少。这种安定和谐局面的形成，与唐太宗注重修德遵法是分不开的。贞观年间，大臣魏征上疏唐太宗："思国之安者，必积其德义。"唐太宗君臣非常看重道德的作用，认为只有修德行义、净化风气，社会才能长治久安。《贞观政要》第五卷、第六卷以"修德"为主题，包括"仁义""忠义""孝友""公平""诚信""俭约""谦让""慎所好""慎言语""杜馋邪"等篇章，翔实记录了唐太宗君臣在修德方面的言行和思考。《贞观政要》中《论刑法》《论赦令》等篇专门探讨了法治问题，这里面有一些深刻的观点。第一，主张刑赏要适度。魏征认为："刑赏之本，在乎劝善而惩恶""刑滥，则小人道长；赏谬，则君子道消"（《贞观政要·论刑法》），只有刑赏适度才能效果更好。唐太宗主张对死刑重罪必须慎之又慎，认为"死者不可再生，用法务在宽简"，他一再下诏"凡有死刑，虽令即决，皆须五覆奏"（《贞观政要·论刑法》）。第二，主张执法要公平。张蕴古主张"大明无偏照，至公无私亲"，得到唐太宗的认可和践行。第三，主张法令要简约。唐太宗认为"国家法令，惟须简约"（《贞观政要·论赦令》），法令只有简约明确才能保证有效执行。如果法令烦琐，标准繁多，执法者就难有明确执法标准，就会生出很多徇私枉法的事，"若欲出罪即引轻条，若欲入罪即引重条"，就必然导致"人心多惑，奸诈益生"（《贞观政要·论赦令》），最后使法律失去正面的作用。修德和遵法是贞观年间社会治理层面的两种重要理念，两者如车之两轮、鸟之双翼，相互配合，相得益彰，共同促成了贞观年间社会安定和谐的局面。

四是崇文尚学，推动持续发展。魏晋南北朝时期在选官制度上实行九品中正制，只重门第，不重德才，甚至形成了"上品无寒门，下品无士族"的局面。在思想文化方面，知识分子沉浸在空洞的玄学清谈中，追求迁就句式、堆砌辞藻的文风，这种"文化中衰"的局面直到贞观年间才有了焕然一新的改变。贞观年间，唐太宗非常看重有学识的人才，摒弃了魏晋南北朝只重门第的选官标准，把学业优劣作为选人用人的主要标准。贞观之初，唐太宗就设置了弘文馆，精心挑选天下通晓儒学的人士兼任弘文馆学士，供给五品官员才能享用的饮食。贞观二年，唐太宗下诏在国子监里建立孔庙，尊孔子为先圣、颜子为先师。国子监增盖学舍四百多间，国子学、太学、四门学、广文馆也增加了学生名额，书学、算学分别设置博士和学生。由于政府的鼓励，全国各地数以千计的学生蜂拥而来，吐蕃和高昌以及高丽、新罗等国的首领，也派遣子弟来长安请求入学，在全国形成了崇文尚学的热烈氛围。唐太宗还组织编写国家标准教材。贞观四年，唐太宗认为《诗》《书》《礼》《易》《春秋》等经典离成书年代太远，章句繁杂，文字错讹很多，文义也多被误解，因此就令前中书侍郎颜师古和国子祭酒孔颖达等人考定注疏"五经"。最终，形成了多达一百八十卷的《五经正义》，交付国子监作为标准教材使用。这部教材成为当时学习和考试的标准教材，对整个唐代乃至后代都产生了重大影响。贞观年间这种崇文尚学的制度和风气不仅为"贞观之治"和"开元盛世"奠定了文化基础，而且也为有唐一代乃至宋元明清的持续发展奠定了文化基础。

第二，汲取失败教训。成功经验固然值得借鉴，失败教训更是值得汲取，恩格斯深刻指出："要获取明确的理论认识，最好的道路就是从本身的错误中学习，'吃一堑，长一智'。"纵观中国历史，有些朝代"其兴也勃焉，其亡也忽焉"，比如秦隋；有些朝代盛世之后逐渐衰弱，比如汉唐；有些朝代文武失衡，比如宋代；有些朝代闭关自守，比如明清。总的来说，它们的失败有某些共性的教训，尤其值得后世引以为戒。

其一，国家繁重的赋税徭役导致民不聊生。秦朝建立后修筑长城、阿房宫、骊山陵寝，大量征调戍卒守边，结果导致陈胜、吴广揭竿而起，百姓应者云集。隋炀帝营建东都洛阳、开发大运河，在各地大修宫殿苑囿、三次征伐高丽，致使"天下死于役"，造成民变蜂起。

其二，统治阶层的腐化导致执政能力下降。一个王朝建立之初，其统治阶层往往能够励精图治，而承平已久，统治阶层就逐渐腐化堕落，执政能力严重下降，导致国家政治腐败，社会矛盾激化。唐玄宗晚年怠慢朝政、宠信奸臣，统治阶层也腐化堕落，引发"安史之乱"。明末万历皇帝、天启皇帝长期不理朝政，致使明朝民生凋敝、日薄西山。

其三，武备废弛严重而无法抵御外部入侵。清代初期八旗铁骑所向披靡，但长期安逸"忘战"，武备废弛，到了晚清不仅法纪不严、作风不良，而且兵制僵化、武器落后，战斗力很弱，在与西方列强的抗衡中屡战屡败。

以上这些深刻的历史教训依然值得借鉴。

二、提供发展理念启示

中华民族在长期的发展过程中，形成了极具民族特色、极为深刻博大的发展理念，对中华民族的发展壮大产生了极其重要的影响和作用，对于今天的治国理政仍具有重要启发意义。以下几个发展理念，尤其具有启发意义。

第一，"民惟邦本"的理念。"重民本"是中国古代治国理政思想的精华。在《尚书·五子之歌》中，就记载了夏禹"民惟邦本，本固邦宁"的民本思想。总的来看，中国古代民本思想有以下几个层面内容：其一，把民心向背视为国家兴亡的关键。《左传》上说："国将兴，听于民；将亡，听于神。"（《左传·庄公二十二年》）《管子》也认为："政之所兴在顺民心，政之所废在逆民心。"（《管子·牧民》）其二，把造福民众作为国家施政的重点。孔子主张："节用而爱人，使民以时。"(《论语·学而》) 孟子主张实行"仁政"，要"省刑罚，薄税敛"，以达到"老者衣帛食肉，黎民不饥不寒"(《孟子·梁惠王上》) 的目标。其三，把特殊群体作为国家关照的对象。从《礼记》"鳏寡孤独废疾者皆有所养"(《礼记·礼运》) 的社会理想，到孟子对"天下之穷民而无告者"(《孟子·梁惠王下》) 的特别关注，再到杜甫"安得广厦千万间，大庇天下寒士俱欢颜"(杜甫《茅屋为秋风所破歌》) 的人文情怀，无不表现出对社会特殊群体的重点关照。虽然，历史上"重民本"的思想并不总能得到执行和贯彻，"民为贵，社稷次之，君为轻"(《孟子·尽心下》) 的主张也往往流于口号，但这一思想毕竟得到了广泛认同，产生了积极影响。今天，我们既要从"民惟邦本"的理念中汲取思想精华，又要有所创新发展，在治国理政实践中坚持以人民为中心的发展思想，多谋民生之利，多解民生之忧，消除贫困现象，实现共同富裕。

第二，"德法合治"的理念。在如何治理国家的问题上，中国古代长期存在"德治"与"法治"之争。韩非子说："国无常强，无常弱。奉法者强则国强，奉法者弱则国弱。"(《韩非子·有度》) 他认为国家只有依"法"而治，才能变得强盛，因此主张"明王峭其法而严其刑"(《韩非子·五蠹》)"不务德而务法"(《韩非子·显学》)。以"德"治国还是以"法"治国的争论在历史上深入而持久，但在历史实践中，德法合治实际上成为许多升平之世的治国原则。文景之治、贞观之治都是"霸王道杂之"(《汉书·元帝纪》)，既注重"德"治，又注重"法"治，"德"与"法"有效结合。实际上，"德"治和"法"治是辩证统一的关系。"夫礼禁未然之前，法施已然之后；法之所为用者易见，而礼之所为禁者难知。"(《史记·太史公自序》)"法"是硬性规定，督促人"不敢做"坏事；"德"是柔性倡导，教化人"不愿做"坏事。没有"德"治，"法"治将难堪重负；没有"法"治，"德"治将失去保障。"德法合治"的理念启示我们，在治国理政中要处理好"法"治与"德"治的关系，既要推进全面依法治国，又应注重道德建设，打牢依法治国的道德基础。

第三，"法古革新"的理念。中国古代，伴随"德"与"法"之争的，还有"古"与"新"之争。所谓"古"与"新"之争，就是在治国理政上的"法古"与"革新"之争。"法古"者认为："遵先王之法而过者，未之有也。"(《孟子·离娄上》) 他们主张："利不百，不变法；功不十，不易器。法古无过，循礼无邪。"(《史记·商君列传》) 而"革新"者则认为："圣人不期修古，不法常可，论世之事，因为之备。"(《韩非子·五蠹》) 因而主张："苟日新，日日新，又日新。"(《礼记·大学》) 在历史上，"古"与"新"之争不断，商鞅变法、胡服骑射、王安石变法、戊戌变法等历次变法都交织着这两种思想的斗争。在商鞅变法、胡服骑射中"革新"理念占了上风，从而使秦国、赵国迅速变成军事强国。在王安石变法中，"法古"思想占了上风，结果两次改革都最终失败，北宋王朝和清王朝也积弊难除、积重难返，最终走上了王朝覆灭之路。总的来说，在中国历史上"法古"理念总是强于"革新"理念，这一情况一直持续到晚清。实际上，"法古""革新"与"古""新"一样，也是辩证统一的。"法古"和"革新"不可偏废，好的传统要继承，坏的传统要革新。近代以来，"法古"派抱残守缺，阻碍了历史发展。而一些激进的"革新"派主张革除一切传统、"全盘西化"，甚至要抛弃汉字，这也不利于历史发展。"法古革新"的理念启示我们，在治国理政中要处理好"法古"和"革新"的关系，既要勇于改革创新，又要坚守优良传统，善于从优良传统中汲取改革创新的智慧和营养。

三、提供治国理政智慧

中国古代积累了很多治国理政智慧，虽然这些智慧主要是在历史制度下形成的，其中一些历史糟粕已经被历史证明具有巨大的危害性，但其中的很多优秀内容对今天的治国理政具有启发意义。下面列举三点加以分析。

第一，选人用人智慧。中国古代在选人用人方面积累了很多智慧，主要有以下几点。一是把人才视为国家强弱的关键。东汉王充在《论衡·效力》中评论战国人才时说："六国之时，贤才之臣，入楚楚重，出齐齐轻，为赵赵完，叛魏魏丧。"战国时期，商鞅、苏秦、张仪、范雎、乐毅和李斯等人才的去留，在很大程度上决定了一国的兴衰。所以，后世历代统治者都非常重视人才的选用。二是把德才作为选人用人的标准。古代在选人用人时，把德和才作为重要的选择标准。在乱世，"才"往往是第一标准，比如春秋战国时期的吴起、苏秦和张仪等人，品德一般但才华出众。在治世，"德"比"才"更受重视，如汉武帝"举贤良方正直言极谏者"，"贤良""方正""孝廉"等品德成为选拔的首要标准。北宋司马光主张："取士之道，当以德行为先。"（《续资治通鉴·宋纪七十九》）当然，选人用人的最高标准是德才兼备，唐代魏徵就主张："才行俱兼，始可任用。"（《贞观政要·论择官》）三是把制度作为选人用人的方式。在选拔人才的制度上，先秦主要采用"世卿世禄"制度，汉代以后逐渐采用"察举"制，魏晋南北朝采用"九品中正制"，这些制度都有一定局限性。到了隋唐，开始实行科举制度，唐太宗认为这种制度使"天下英雄入吾彀中矣"（《唐摭言·述进士》）。今天，选人用人依然是治国理政的重要内容，上述这些选人用人智慧依然具有借鉴意义。

第二，反腐倡廉智慧。我国古代积累了优秀的廉政文化，既有提倡廉洁的优秀思想，又有惩治贪腐的实践经验，是我们今天推进反腐倡廉建设的宝贵资源。一方面，注重廉政理念的灌输。中国古代廉政理念内容丰富，主要有以下几点：一是"公而不私"。《礼记》上说："大道之行也，天下为公，选贤与能，讲信修睦。故人不独亲其亲，不独子其子。"（《礼记·礼运》）强调为官从政要有公心，要爱民惠民。二是"正而不偏"。孔子说："其身正，不令而行；其不正，虽令不从。"（《论语·子路》）为官者只有从自身做起，才能以上率下、政令畅通。三是"清而不浊"。《广雅》上说："廉，清也。"清清白白做官，是廉政的题中应有之义。四是"俭而不奢"。《左传》上说："俭，德之共也；侈，恶之大也。"（《左传·庄公二十四年》）生活奢侈的官员，很难做到廉洁从政。通过上述廉政理念的灌输，能够在一定程度上防止腐败。另一方面，建立反腐促廉机制。为了实现廉政，中国古人还设计了一套行之有效的制度。据《周礼》记载，中国早在周代便设有治贪促廉的监察官，秦汉以来历朝历代都设有相应的监察机构，形成了较为完备的监察制度。这些监察机构独立性强、地位崇高、权力巨大，虽有很大局限，但在一定程度上对各级官员形成震慑，减少了贪腐行为，促进了政治清明。当前，我国反腐倡廉有了相当成效，但反腐形势依然严峻。借鉴古代反腐倡廉智慧，有利于筑牢拒腐防变的思想道德防线，加强反腐倡廉制度建设，提高拒腐防变能力。

第三，为官从政智慧。中国历史上积累了很多为官从政的智慧，其中也不乏对今天有启发意义的智慧。一是修身为本。《大学》强调："物格而后知至，知至而后意诚，意诚而后心正，心正而后身修，身修而后家齐，家齐而后国治，国治而后天下平。"（《礼记·大学》）"格物""致知""诚意""正心"这些都属于"修身"范畴，它们是"齐家""治国""平天下"的基础。"修身"包括知识的学习、才能的修炼，更重要的是道德的修炼。二是忠于职守。孔子说："陈力就列，不能者止。"（《论语·季氏》）又说："不在其位，不谋其政。"（《论语·泰伯》）这就是强调为官从政要忠于职守，既不能"缺位"，又不能"越位"。汉文帝时期丞相陈平"不知钱谷之数"，受到后世赞赏；蜀汉丞相诸葛亮事无巨细、亲力亲为，遭后世訾议。原因就是陈平能够忠于职守不"越位"，而诸葛亮则"越位"太多。三是谦虚谨慎。《左传》记载了有名的"正考父鼎铭"，上面说："一命而偻，再命而伛，三命而俯，循墙而走，亦莫余敢侮"（《左传·昭公七年》），这段话赞赏正考父官职虽然步步上升，但态度愈加谦虚谨慎。老子说："知足不辱，知止不殆，可以长久。"（《道德经》第四十四章）历史上很多为官从政者因谦虚谨慎而善始善终，因骄奢淫逸而身败名裂。中国古代为官从政智慧内容非常丰富，上面仅列举了几个要点，这些智慧所体现出的正能量，与现代政治文明的要求并不相悖，具有永恒的借鉴价值。

第四节 推动文化智慧

中华文化既是历史的、又是当代的，既是民族的、又是世界的。中华优秀传统文化既属于中国，又属于世界；既具有中国价值，又具有世界价值，中华民族有着深厚文化传统，形成了富有特色的思想体系，体现了中国人几千年来积累的知识智慧和理性思辨。

一、以和为贵的发展理念

在如何实现发展的问题上，世界历史上曾出现过两种相反的发展理念：“争”的发展理念与“和”的发展理念。历史上，许多国家和民族通过“争”的方式实现富强，特别是 15 世纪以来，一些西方国家通过掠夺、战争的方式谋求国家发展，给人类带来了深重灾难。当今世界，局部战争不断，地区冲突频发，其根源是一些国家和民族根深蒂固的“争”的发展理念。同时，人与人之“争”、人与自然之“争”，造成了个人主义恶性膨胀、生态环境破坏严重等人类发展难题。

而中国古人则选择了以和为贵的发展理念。《论语》上说：“礼之用，和为贵。先王之道，斯为美，小大由之。”（《论语·学而》）《周礼》上也说：“以和邦国，以统百官，以谐万民。”（《周礼·天官·大宰》）“和”在中华优秀传统文化中占有重要地位，以和为贵的发展理念，包括两个方面：一是对内追求和谐发展，包括追求人与自身和谐、人与人和谐、人与社会和谐以及人与自然和谐。中国古人强调：“和也者，天下之达道也。”“致中和，天地位焉，万物育焉。”（《礼记·中庸》）“不违农时，谷不可胜食也；数罟不入洿池，鱼鳖不可胜食也；斧斤以时入山林，材木不可胜用也。”（《孟子·梁惠王上》）这些都可以反映出中国古代追求和谐的思想。二是对外追求和平发展，中华民族历来是一个爱好和平的民族，爱好和平在孔子思想中也有很深的渊源。中国人自古就推崇“协和万邦”“亲仁善邻，国之宝也”“四海之内皆兄弟也”“远亲不如近邻”“亲望亲好，邻望邻好”“国虽大，好战必亡”等和平思想。爱好和平的思想深深嵌入了中华民族的精神世界，今天依然是中国处理国际关系的基本理念。中国古代在谋求国家发展、处理国际关系时主张采取和平方式。中国古人认为“以力服人者，非心服也，力不赡也；以德服人者，中心悦而诚服也”（《孟子·公孙丑上》），提倡“远人不服，则修文德以来之”（《论语·季氏》）。汉唐通过“和亲”加强与邻邦的友好关系，明代郑和七下西洋对沿途国家秋毫无犯，都充分说明了中华民族以和为贵的发展理念。

中国以和为贵的发展理念得到了世界一些著名学者的认可和重视，英国哲学家罗素认为，欧洲人的生活方式"要求奋斗、掠夺、无休止的变化，以及不满足与破坏"，而"中国人发现了并且已经实践了数个世纪之久的一种生活方式，如果能够被全世界所接受，则将使全世界得到幸福"。当今世界科学技术越来越发达，武器装备也越来越先进，战争已是人类不能承受之重，中国以和为贵的发展理念正是解决冲突、预防战争的思想良方。

二、公平正义的价值追求

西方有句名言："没有永远的朋友，只有永恒的利益。"这句话被西方人奉为处理人际关系、国际关系的圭臬。历史学家司马迁说："利诚乱之始也。"（《史记·孟子荀卿列传》）唯利是图的价值追求，是人类历史上许多问题产生的重要原因。当今世界，诸如恐怖主义、局部战争、贫富不均、生态破坏等问题，都可以视为唯利是图价值追求的结果。解决这些难题，必须转变唯利是图的价值追求。中华优秀传统文化中公平正义的价值追求，正确处理了"利益"与"公平""正义"的关系，在解决当前人类难题方面给予重要启发。

在追求正义方面，中华民族表现出先义后利、义利兼顾的价值取向。关于"义"和"利"的关系问题，孟子曾与战国时期魏国的梁惠王有过一场著名的对话：

孟子见梁惠王。王曰："叟不远千里而来，亦将有以利吾国乎？"孟子对曰："王何必曰利？亦有仁义而已矣。王曰'何以利吾国'？大夫曰'何以利吾家'？士庶人曰'何以利吾身'？上下交征利，而国危矣。万乘之国，弑其君者，必千乘之家；千乘之国，弑其君者，必百乘之家。万取千焉，千取百焉，不为不多矣。苟为后义而先利，不夺不餍。未有仁而遗其亲者也，未有义而后其君者也。王亦曰仁义而已矣，何必曰利？"（《孟子·梁惠王上》）。

对于这段对话，司马迁曾评价说："余读孟子书，至梁惠王问'何以利吾国'，未尝不废书而叹也。曰：嗟乎！利诚乱之始也。夫子罕言利，常防其源也。故曰：'放于利而行，多怨'。自天子以至于庶人，好利之弊，何以异哉？"（《史记·孟子荀卿列传》）可见，司马迁认同孟子关于"义"和"利"的思想。另外，史书记载，孟子曾与孔子的孙子子思也有过一场关于"义"和"利"的对话：

初，孟子师子思，尝问牧民之道何先。子思曰："先利之。"孟子曰："君子所以教民，亦仁义而已矣，何必利？"子思曰："仁义固所以利之也。上不仁则下不得其所，上不义则下乐为诈也，此为不利大矣。故《易》曰：'利者，义之和也。'又曰：'利用安身，以崇德也。'此皆利之大者也。"（《资治通鉴·周纪二》）

对于子思和孟子的观点，司马光认为："子思、孟子之言，一也。夫唯仁者为知仁义之为利，不仁者不知也，故孟子对梁王直以仁义而不及利者，所与言之人异故也。"（《资治通鉴·周纪二》）可见，司马光也认同子思和孟子关于"义"和"利"的思想。从孟子的两段对话以及其他思想家、史学家关于"义"和"利"的论述中，我们可以看出中国古代的义利观：一是反对见利忘义。孔子说："不义而富且贵，于我如浮云。"（《论语·述而》）荀子说："先义而后利者荣，先利而后义者辱。"（《荀子·荣辱》）他们都反对见利忘义，主张见利思义。二是主张以义为利。《左传》上说："义，利之本也。"（《左传·昭公十年》）《大学》中也有："国不以利为利，以义为利也。"（《礼记·大学》）把"义"看作最大的"利"，最根本的"利"。三是提倡义利兼顾。清代颜元批评"义"与"利"分裂对立的偏见，提出了"正其谊以谋其利，明其道而计其功"（《四书正误》卷一）的命题，将"义"与"利"有机统一起来。

在追求公平方面，中华民族主张公而不私、正而不偏。中国古代对"公"和"正"非常重视，甚至把它们上升到关系国家兴亡的高度。关于"公"，荀子说："公生明，偏生暗。"（《荀子·不苟》）苏轼说："治国莫先于公。"（《司马温公行状》）程颢、程颐也强调："一心可以丧邦，一心可以兴邦，只在公私之间尔。"（《二程集·河南程氏遗书·卷第十一》）关于"正"，孔子说："政者，正也。"（《论语·颜渊》）"其身正，不令而行；其不正，虽令不从。"（《论语·子路》）孟子也说："行有不得者，皆反求诸己，其身正而天下归之。"（《孟子·离娄上》）中国古代对"公正"的追求，鲜明体现在"大同"社会理想中。《礼记·礼运》记载："大道之行也，天下为公。选贤与能，讲信修睦，故人不独亲其亲，不独子其子，使老有所终，壮有所用，幼有所长，鳏寡孤独废疾者，皆有所养。""大同"社会是一个百姓丰衣足食、安居乐业的社会，更是一个人人平等、公平正义的社会。

追求公平正义并不否定利益，而是正当处理"公平"与"利益"，"正义"与"利益"的关系，从而"兴天下之利，除天下之害"（《墨子·非攻下》）。近年来，在处理国际关系问题上，也是遵循找到利益的共同点和交会点，坚持正确义利观，有原则、讲情谊、讲道义，多向发展中国家提供力所能及的帮助。中国坚持国家不分大小、强弱、贫富一律平等，秉持公道、伸张正义，反对以大欺小、以强凌弱、以富压贫。正确义利观正是中华优秀传统文化中的重要内容，对当代人类正确处理"义"与"利"的关系，解决人类难题都具有重要的启示意义。

第五章　传统文化发展的主要内容

第一节　核心思想理念

一、讲仁爱

讲仁爱的基本含义是倡导对人的关心、爱护，努力去帮助、成就别人。孔子把"仁"理解为"爱人"，"樊迟问仁，子曰：'爱人'"（《论语·颜渊》）。仁者会将基于血缘的爱的情感扩展开去，做到"老吾老，以及人之老；幼吾幼，以及人之幼"（《孟子·梁惠王上》）。墨家讲兼相爱，"使天下兼相爱，爱人若爱其身"（《墨子·兼爱上》），要求"有力者疾以助人，有财者勉以分人，有道者劝以教人"（《墨子·尚贤下》）。

二、重民本

在中国数千年来的政治传统中，民本思想从未中断。贾谊说："闻之于政也，民无不为本也。"（《新书·大政上》）民本思想的基本内涵包括民惟邦本、民贵君轻、立君为民、敬天保民、养民爱民等。民本思想格外鲜明、丰富、深刻、真诚，要践行以民为本的理念，重视民众的力量和诉求，关心其物质利益，尊重其生存权利。一方面，国家要致力于发展经济，为民生保障奠定物质基础。另一方面，统治者要实行德治、仁政，要节制贪欲、减轻税赋，实现社会财富的合理分配，让民众有获得感、幸福感。历史上实行的富民惠民措施，既有利于民众生活在和平、安宁、富足、有序的环境中，又有利于统治阶级政权得以长久延续。

三、守诚信

诚信是指真诚、诚实、信实，不自欺也不欺人。孔子学将诚信视为个人立身处世的根本和国家治理的根基。《中庸》认为，诚是极高的道德境界，认为"至诚如神"："唯天下至诚，为能尽其性；能尽其性，则能尽人之性；能尽人之性，则能尽物之性；能尽物之性，则可以赞天地之化育；可以赞天地之化育，则可以与天地参矣。"（《礼记·中庸》）《大学》认为诚意是正心、修身、齐家、治国、平天下的重要前提。信要求人们做到诚实不欺、言行一致。《论语》认为，信是一种美德，是孔门行教的重要内容。诚与信相互贯通，诚是信的前提和根本，是个人内在的修养和自觉，体现了道德的自律；信是诚的表现和保证，是在与人交往中表现出的诚心。

四、崇正义

孔子说"君子喻于义"（《论语·里仁》），孟子讲"舍生而取义"（《孟子·告子上》），荀子讲"先义而后利者荣"（《荀子·荣辱》）。墨家思想的核心思想是义，墨家的正义着重提倡义，认为"义者，正也"（《墨子·天志下》），主要强调人的行为的正当、社会制度的公平等。墨子呼吁"一同天下之义"（《墨子·尚同中》），同就是同一、一统、统摄，强调"为义"（《墨子·耕柱》），倡导对义的践行。

五、求大同

《礼记·礼运》描绘了大同社会的理想愿景："大道之行也，天下为公。选贤与能，讲信修睦。故人不独亲其亲，不独子其子，使老有所终，壮有所用，幼有所长，矜、寡、孤、独、废疾者皆有所养，男有分，女有归。货恶其弃于地也，不必藏于己；力恶其不出于身也，不必为己。是故谋闭而不兴，盗窃乱贼而不作，故外户而不闭。是谓大同。"在大同社会里，公的特性特别突出。选出贤能的人来治理天下，而不是将治理天下权位传给自己的家人，因为"天下非一人之天下，天下之天下也"（《吕氏春秋·贵公》）。人人有公心，每个人都为这个社会尽自己的力量。大同理想对于后人改造现实社会、追求社会进步起到了巨大的激励作用。尤其是近代以来，面对列强的欺凌、山河破碎、政治腐败、民不聊生的悲惨现实，"大道之行也，天下为公"的大同理想不断激起人们改天换地的豪情和斗志。

六、传统文化核心思想价值理念的基本特征

（一）历史积淀深厚

与中华文明的悠久历史相一致，中华优秀传统文化核心思想理念的孕育和发展具有极其漫长的历史，有着非常深厚的文化积淀。中华文明之所以数千年绵延不绝、生生不息，

在一次次磨难中凤凰涅槃、浴火重生，一个重要的原因在于有厚重、稳定、独特的核心价值理念作为支撑。

（二）注重知行合一

中华文化具有鲜明的实践品格，注重知行合一，强调经世致用、明理达用。价值理念与实际践行是紧密结合的，孔子主张"学而时习之"（《论语·学而》），曾子强调"吾日三省吾身"（《论语·学而》）。《礼记·大学》中讲格物、致知是为了诚意、正心，最终要服务于修身、齐家、治国、平天下的实践。仁义礼智信作为中华民族最广泛的伦理共识，早已成为人们的道德自觉和行为习惯，得到最普遍、最有效的遵守，成为增强中华民族凝聚力和向心力的精神纽带。

（三）价值导向鲜明

基于中国独特的地域、历史、族群，中华民族孕育了一系列独特的价值理念。与西方近代价值观相比较，中华文明的价值观念呈现出四个基本偏向，包括责任先于自由、义务先于权利、群体高于个人、和谐高于冲突等。这四个方面是一个有机整体，其中第三个方面是核心，因为对群体与个体关系的理解，决定着对责任与自由的关系、权利与义务的关系的理解，也决定着对人与人、人与自然、群体与群体的和谐的理解。个人与他方构成关系时，不是以自我为中心，而是以自我为出发点，以对方为重，个人的利益要服从责任的要求。

七、传统文化核心思想理念同社会主义核心价值观主张具有高度契合性

传统文化核心思想理念是社会主义核心价值观基本理念的根源，正是基于深刻的渊源关系，二者高度契合。

（一）中华优秀传统文化核心思想理念是社会主义核心价值观的深厚根源

社会主义核心价值观来源于中华优秀传统文化，来源于中华民族在漫长的历史发展中形成的独具特色的思想理念。培育社会主义核心价值观离不开对中华优秀传统文化的继承，如果抛弃中华优秀传统文化，社会主义核心价值观就成了无源之水、无本之木。为此，要从中华民族既有的文化资源中不断汲取丰富的营养，深入挖掘中华优秀传统文化的思想观念、人文精神、道德规范，精心提炼有益于新时代中国特色社会主义思想的文化元素，作为涵养社会主义核心价值观的重要思想资源，努力丰富社会主义核心价值观基本理

念的文化内涵。

中华优秀传统文化是社会主义核心价值观的根本，社会主义核心价值观的培育和践行不能偏离这一根本，并指出："牢固的核心价值观，都有其固有的根本""一个民族、一个国家的核心价值观"必须同这个民族、这个国家的历史文化相契合；"我们生而为中国人，最根本的是我们有中国人的独特精神世界，有百姓日用而不觉的价值观。我们提倡的社会主义核心价值观，就充分体现了对中华优秀传统文化的传承和升华"。同时，关于要从中华优秀传统文化中传承什么样的价值精神、吸收哪些思想元素，要认真汲取中华优秀传统文化的思想精华和道德精髓，大力弘扬以爱国主义为核心的民族精神和以改革创新为核心的时代精神，深入挖掘中华优秀传统文化讲仁爱、重民本、守诚信、崇正义、尚和合、求大同的时代价值，使中华优秀传统文化成为涵养社会主义核心价值观的重要源泉。中华文化强调"民惟邦本""和而不同"，强调"天行健，君子以自强不息""大道之行也，天下为公"；强调"天下兴亡，匹夫有责"，主张以德治国、以文化人；强调"君子喻于义""君子坦荡荡""君子义以为质"；强调"言必信，行必果""人而无信，不知其可也"；强调"德不孤，必有邻""仁者爱人""与人为善""己所不欲，勿施于人""出入相友，守望相助""老吾老，以及人之老；幼吾幼，以及人之幼""扶贫济困""寡而患不均"，等等。像这样的思想和理念，不论过去还是现在，都有其鲜明的民族特色，都有其永不褪色的时代价值。

（二）中华优秀传统文化核心思想理论同社会主义核心价值观主张的高度契合点

中华优秀传统文化源远流长、博大精深，是中华文明的智慧结晶，其中蕴含的天下为公、民为邦本、为政以德、革故鼎新、任人唯贤、自强不息、厚德载物、讲信修睦、亲仁善邻等，是中国人民在长期生产生活中积累的宇宙观、天下观、社会观、道德观的重要体现，同科学社会主义价值观主张具有高度契合性。科学社会主义的基本价值主张为社会主义核心价值观提供了根本指导，与社会主义核心价值观的基本理念是一致的。中华优秀传统文化的宇宙观、天下观、社会观、道德观与科学社会主义价值观主张具有高度的契合性，也就意味着中华优秀传统文化与社会主义核心价值观在基本理念上有诸多方面的深刻的契合性。具体说来，这种契合性主要表现在如下方面。

1."天下为公"与共产主义、集体主义

"天下为公"的理想是《礼记·礼运》提出的，这一价值理念突破了各为其家的私有观念，与马克思主义学说中的共产主义以及作为社会主义道德原则的集体主义是相通的。

马克思、恩格斯创立的共产主义学说，旨在消灭私有制、建立公有制；集体主义道德原则强调国家利益、社会整体利益与个人利益的统一，同时重视保障个人正当利益。

2. "民为邦本"与以人民为中心

"民为邦本"从源头上讲就是《尚书》中的"民惟邦本"，作为中国传统民本思想的精华，虽然有一定的阶级局限和时代局限，但该理念强调民众是国家稳定与发展的基础和依托，体现了对民众力量和地位的肯定，这种重民本的价值理念同历史唯物主义的群众史观，同中国共产党人全心全意为人民服务的根本宗旨，同初心使命论、人民中心论、人民江山论等思想都非常契合。

3. 厚德载物、为政以德、任人唯贤与以德治国

"厚德载物"出自《周易》，"为政以德"出自《论语·为政》，"任人唯贤"源于《尚书》中的"任官惟贤才"，三者讲的都是德，与讲仁爱、崇正义的价值理念是一致的。中华优秀传统文化具有鲜明、深厚、独特的伦理意蕴，高度重视道德在人生修养、社会交往、治国理政中的支撑作用。厚德载物重在讲品德的提升与重任的担当，厚德是载物的基础；为政以德重在突出德治优于法治，强调"政者，正也"（《论语·颜渊》）；任人唯贤是讲政治治理的主体选择，强调依靠有德行的君子来推行德治、仁政。这些思想同我国实施的以德治国与依法治国相结合的政治治理之策是契合的。

4. 革故鼎新与改革创新

"革故鼎新"出自《周易》中"革，去故也；鼎，取新也"，是中华优秀传统文化中非常突出的革新观念。《礼记·大学》中讲"在新民"，《尚书·康诰》中说"作新民"，商汤的《盘铭》刻有"苟日新，日日新，又日新"，《诗经·大雅·文王》中讲"周虽旧邦，其命维新"，《周易·系辞下》中讲"穷则变，变则通，通则久"，这些都深刻反映了中华民族求新、创新的强烈追求。中国共产党是革命党，革命党的本色决定其坚定创新、永远创新的使命。改革开放以来，中国共产党人以巨大的革命精神、革新勇气，推动中国社会实现巨大进步，形成了伟大的改革创新精神。

5. 自强不息与奋斗精神

"自强不息"出自《周易》中"天行健，君子以自强不息"，讲的是君子的行事风格、处世姿态应该努力像上天一样生生不息、健壮不已。自强精神与奋斗精神是相通的，中华民族是一个有伟大自强精神、奋斗精神的民族。在几千年历史长河中，中国人民始终革故鼎新、自强不息，开发和建设了祖国辽阔秀丽的大好河山，开拓了波涛万顷的辽阔海疆，开垦了物产丰富的广袤粮田，治理了桀骜不驯的千百条大江大河，战胜了数不清的自然灾

害，建设了星罗棋布的城镇乡村，发展了门类齐全的产业，形成了多姿多彩的生活。中国人民自古就明白，世界上没有坐享其成的好事，要幸福就要奋斗。

6. 讲信修睦、亲仁善邻与诚信、和谐、友善

"讲信修睦"出自《礼记·礼运》，"亲仁善邻"出自《左传·隐公六年》，二者表达的是在人与人、家与家、国与国的交往过程中，要本着诚信、仁爱、友善的精神，实现和谐、和睦，体现了守诚信、尚和合等思想理念。这一观念与社会主义核心价值观中的和谐、友善是紧密联系、相互贯通的。在处理人与人的关系时强调关爱他人、以诚待人、与人为善，在处理家与家的关系时强调与邻为善而非以邻为壑，在处理国与国的关系时强调互相尊重、和平共处，推动构建人类命运共同体，是对讲信修睦、亲仁善邻观念的继承和弘扬。

八、中华优秀传统文化核心思想理念的传承和创新

实现中华优秀传统文化核心思想理念的创造性转化和创新性发展，需要把握好如下几个方面。

（一）坚持思想引领，用马克思主义为中华优秀传统文化核心思想理念赋魂

把中华五千年文明中的精华同马克思主义立场观点方法结合起来，提出坚持把马克思主义基本原理同中华优秀传统文化相结合。马克思主义是科学的世界观和方法论，正确地揭示了自然界、人类社会和思维发展的一般规律，对中华优秀传统文化中的核心思想理念进行创造性转化和创新性发展，最根本的要求是以马克思主义为指导，用马克思主义为其赋魂。只有以马克思主义为指导，用马克思主义真理的光芒为中华优秀传统文化赋魂，中华优秀传统文化才能够依据时代特点、适应时代要求，拓展新的内涵，焕发新的生命。马克思主义与中华优秀传统文化有诸多契合，这是用马克思主义为中华优秀传统文化核心思想理念赋魂的前提。中国文化有朴素的唯物主义的传统，如五行思想、实事求是等。中国古代的辩证法思想非常深刻，如《周易》对事物变化规律的探索，史伯对和、同关系的揭示，老子的朴素辩证法思想等。历史上许多思想家都深刻地认识到民众的力量，《尚书》中的"保民而王"，荀子讲的"载舟覆舟"，与历史唯物主义的群众史观有相通的地方。中国文化强调的知行合一与马克思主义的认识论是一致的。《礼记》中描述的大同理想，与马克思、恩格斯讲的共产主义社会有许多近似的地方。

中华优秀传统文化核心思想理念之所以能够实现创造性转化和创新性发展，根本原因在于植入了作为其灵魂的马克思主义。以中国传统重民本理念与社会主义核心价值观中的

民主理念的关系来说，二者既有历史继承性，又有本质差异性。重民本反映的是中国古代阶级社会、等级社会背景下，统治阶级中的少部分政治家和知识分子对民众力量的重视、对民众苦乐的关心。社会主义核心价值观基本理念的民主，是社会主义民主，是社会主义中国所实行的体现人民意志、代表人民利益的民主，是广泛的、全过程的、真正的民主。中国共产党人坚持马克思主义群众史观，把人民群众当作历史的主体、社会的主人，坚守一切依靠人民、为人民服务、以人民为中心等理念，实现了从重民本到社会主义民主的升华。

（二）把握扬弃原则，辨别中国传统思想理念中的精华和糟粕

新事物对旧事物的否定，不是全盘废弃与割断，而是既肯定又否定、既克服又保留、既继承又创新，即对旧事物中仍然有积极意义的形式和内容继承下来，根据时代变化和实际需要创造性地加以改造、转化，赋予其新的内容和生命。根据辩证否定观，对中国传统思想理念要辨别精华和糟粕。

严格区分精华和糟粕。第一，不要把精华当成糟粕。和合文化是中华优秀传统文化的精华之一，人们普遍崇尚和谐，追求家庭和谐、邻里和睦、民族团结等。然而，在历史上的某些特殊时期，斗争哲学盛行，社会上充斥着不良风气，和合文化曾被错误地当作糟粕，和为贵、温良恭俭让等被完全否定、抛弃。正是在反思历史教训的基础上，在培育和践行社会主义核心价值观时，中华优秀传统文化中的"尚和合"思想理念被继承下来，发展成为社会主义和谐价值理念。第二，不要把糟粕当成精华。从现代社会的角度看，中国传统文化中的糟粕，危害最大的是等级意识。长时期沉浸在一种看似天然的等级秩序中，平等、自由、民主等观念很难充分地、蓬勃地生长。在社会主义制度下，人民是国家和社会的主人，旧制度下的种种不平等被打破，与此相应，平等、公正、民主、自由等理念被积极倡导。然而，等级观念并没有完全销声匿迹，在某些领域还很顽固，如"官本位"意识，认为上级对下级颐指气使是理所当然，下级对上级卑躬屈膝是老练成熟，这就是把糟粕当作精华。第三，中国传统思想理念中的精华和糟粕往往不是泾渭分明的，需要做深入细致的分析。比如，作为"五常"之一的"礼"，其重要功能是区分人的等级，这是古代等级制度留下的糟粕。同时，还要看到"礼"的另一个重要功能，即表达对人的关爱和尊重，这是其中的精华。要在区分精华和糟粕的基础上，注重将"礼"与友善、文明等价值理念相结合，发挥其在培育和践行社会主义核心价值观中的积极作用。

（三）适应时代要求，推动中华优秀传统文化核心思想理念的创新发展

我国已经成功实现第一个百年奋斗目标，正在朝着第二个百年奋斗目标奋力前进。在

新的征程上，要根据时代条件和实践要求，对中华优秀传统文化核心思想理念进行创造性转化和创新性发展，努力使中华民族最基本的文化基因与当代文化相适应、与现代社会相协调。中华优秀传统文化核心思想理念是前现代社会的价值观，在传承时需要结合时代要求和实践加以补充、拓展、完善，架起从仁爱到友善、从民本到民主、从和合到和谐、从传统诚信到现代诚信的桥梁。以诚信理念为例，传统诚信主要存在于熟人之间，随着社会从熟人社会走向陌生人社会，必须适应我国对外开放、发展市场经济、建设法治中国的时代环境，克服传统诚信观的局限，努力培育与现代社会相适应的诚信价值理念。

（四）突出创新创造，不断激活中华优秀传统文化核心思想理念的生命力

实现中华优秀传统文化核心思想理念的创造性转化和创新性发展，要强调创新创造，致力于转化发展，不断激活其生命力。

中华优秀传统文化是我国社会主义先进文化的源头，中华优秀传统文化核心思想理念是社会主义核心价值观基本理念的源头。对待源头有两种截然不同的做法：一是"塞源"，如全盘西化、全盘复古，都是在窒息中国传统文化及其核心思想理念的生命；二是"浚源"，即在继承中注重梳理疏通，在改造中实现创新创造，激活中华优秀传统文化核心思想理念的生命力，卓有成效地实现其创造性转化和创新性发展。

激活中华优秀传统文化核心思想理念是创造性转化和创新性发展的关键。激活的工具是马克思主义，是中国化时代化的马克思主义。激活的对象是"跨越时空、超越国界、富有永恒魅力、具有当代价值的文化精神"。激活的方式要突出艺术性、创造性，旨在实现充分、贴切、全面、深入的创新创造。中国共产党人对愚公移山典故的吸收、转化、改造是激活中华优秀传统文化资源的典范。愚公移山典故自《列子》成书以来，在约2000年的时间里总体处于沉寂状态。自中国共产党诞生之后，一代代中国共产党人不断把沉睡在故纸堆中的愚公精神发扬光大，使愚公移山成为家喻户晓的故事，其精神升华为中华民族和中国共产党人的伟大精神，成为亿万人民群众战天斗地、团结奋斗、创造历史伟业的巨大动力。不同历史时期，中国共产党人持续地激活愚公移山典故，将其化为拯救中国、改造中国、造福中国的巨大精神力量，卓越地实现了愚公移山精神的创造性转化和创新性发展。

第二节 中华传统美德

中华优秀传统文化蕴含着丰富的道德理念和规范，如天下兴亡、匹夫有责的担当意

识，精忠报国、振兴中华的爱国情怀，崇德向善、见贤思齐的社会风尚，孝悌忠信、礼义廉耻的荣辱观念，体现着评判是非曲直的价值标准，潜移默化地影响着中国人的行为方式。今天，中华民族要继续前进，就必须根据时代条件，继承和弘扬我们的民族精神、我们民族的优秀文化，特别是包含其中的传统美德。传承发展中华优秀传统文化，就要大力弘扬自强不息、敬业乐群、扶危济困、见义勇为、孝老爱亲等中华传统美德。

一、自强不息

中华民族历史上经历过很多磨难，但从来没有被压垮过，而是愈挫愈勇，不断在磨难中成长、从磨难中奋起。中华民族的发展史，就是一部不断历经磨难、成长奋起的光辉历史。《中国人史纲》描写了中国历史的一个有意思的现象：中国像一个巨大的立方体，在排山倒海的浪潮中，它会倾覆，但在浪潮退去后仍顽强地矗立在那里，以另一面正视世界，永不消失、永不沉没。在中华民族的漫长历史中，不光有辉煌灿烂的时候，也有衰弱黑暗的时候。从历史上看，中华民族曾长期屹立世界民族之林的前列，中华文明曾长期占据人类文明的高峰，这与中华优秀传统文化中的自强不息精神是紧密相关的。"自强不息"出于《易经》"天行健，君子以自强不息"。古人认为，天上的星辰日夜运行不息，君子效法上天，也应自强不息，中华民族自古以来就有这种强烈的自强不息精神。

居安思危求自强。从刀耕火种、穴居巢处的远古时代，到西方列强纷至沓来的中国近代，中华民族经历过许多磨难。从天而降的自然灾害、汹涌而至的外部侵略、持续不断的分裂动荡，特别是中国近代以来的内忧外患，每一次磨难降临，都会产生一种"黑云压城城欲摧"的紧张局面。在漫长的历史发展进程中，中华民族曾受过无数来自内部的矛盾与冲突和来自外部的挑战与威胁，如自然灾害、社会动荡、王朝更替、外部入侵等等，但中华民族却一次次战胜灾难，一次次渡过难关，使统一的多民族国家得以不断巩固和发展。艰难困苦，玉汝于成。多灾多难孕育了中华民族深厚的忧患意识，深厚的忧患意识又不断激励中华民族自强不息，支撑中华民族在历经磨难中愈挫愈勇。从发展历程上看，中华民族优化意识萌生于中华先民远古时期的生存危机中，成熟于先秦诸子系统深邃的思考争鸣中，强化于秦汉以来战胜磨难的不懈奋斗中，发展于中国近代救亡图存的上下求索中。孔子说："人无远虑，必有近忧。"（《论语·卫灵公》）孟子说："生于忧患，死于安乐。"（《孟子·告子下》）《司马法》说："国虽大，好战必亡；天下虽安，忘战必危。"（《司马法·仁本》）欧阳修说："忧劳可以兴国，逸豫可以亡身。"（《新五代史·伶官传序》）这些都表现了中华儿女对国家的强烈忧患意识。忧患是我们民族文化的底色。正因为中华民族有忧患意识，才能够经常保持清醒，才能保持自强不息的精神状态，才能长盛不衰。

勇于担当求自强。在中国古代，"修身""齐家""治国""平天下"是读书人的人生追求和最高理想。在中国历史上，出现了很多具有担当精神的民族英雄，他们勇于承担起民族和国家的责任。鲁迅说："我们从古以来，就有埋头苦干的人，有拼命硬干的人，有为民请命的人，有舍身求法的人……虽是等于为帝王将相作家谱的所谓'正史'，也往往掩不住他们的光耀，这就是中国的脊梁。"在中华民族的历史记忆中，滔天洪水是最初的梦魇。《史记》记载：当帝尧之时，洪水滔天，浩浩怀山襄陵，下民其忧。《孟子》也记载：当尧之时，水逆行，泛滥于中国。蛇龙居之，民无所定。面对滔天洪水，以大禹为代表的中华先祖勇敢担起了"治水"重任。为治理洪水，大禹与民众一起栉风沐雨，"劳身焦思，居外十三年，过家门不敢入"（《史记·夏本纪》）。大禹因势利导、科学治水，克服重重困难，终于治水成功，带领中华民族战胜洪水磨难。大禹治水精神成为中华民族精神的重要源头，激励后人不断战胜各种洪涝灾害。从大禹治水"三过家门而不入"，到孟子"如欲平治天下，当今之世，舍我其谁也"（《孟子·公孙丑下》）；从张骞出使西域开拓"丝绸之路"，到林则徐虎门销烟的壮举，勇于担当的精神始终是中华民族的重要精神品质。在戊戌变法中，谭嗣同甘愿以身殉难："各国变法，无不从流血而成。今中国未闻有因变法而流血者，此国之所以不昌也。有之，请自嗣同始。"（梁启超《谭嗣同传》）谭嗣同的视死如归、大义凛然，体现了中华民族崇高的担当精神。正是有了这种担当精神，中华儿女才会在国家太平时居安思危，在国家危难时挺身而出，在危险面前毫不退缩，在艰难前面敢于向前，前赴后继，勇敢扛起国家和民族的重担。

革故鼎新求自强。"穷则变，变则通，通则久。"（《周易·系辞下》）中华民族是一个重视传统的民族，也是一个锐意革新的民族。《诗经》说："周虽旧邦，其命惟新。"《大学》说："苟日新、日日新，又日新。"韩非子主张："世异则事异""事异则备变"（《韩非子·五蠹》）。《淮南子》说："苟利于民，不必法古；苟周于事，不必循旧。"顾炎武说："因已变之势，复创造之规。"魏源说："师夷长技以制夷。"这些流传至今、不同时代的名言警句，充分说明了我们中华民族自古以来就有革故鼎新的发展理念。每当国家的发展陷入僵滞、民族的进步受到阻碍时，中华民族总是选择"变"来增强国家和民族前进的动力，使中华民族重新屹立于世界民族之林。中国历史上的"变法"有许多次，最著名的有"商鞅变法""胡服骑射""王安石变法"和"戊戌变法"等。历史学家柏杨认为："'变法'是人类智慧所能做到的最惊心动魄的魔术，它能把一个侏儒变成一个巨人，把一个没落的民族变成一个蓬勃奋发的民族，把一个弱小的国家变成一个强大的国家。"在柏杨看来，"商鞅变法"就是"历史上最大的魔术"，商鞅主张"治世不一道，便国不法古"（《史记·商君列传》），废除井田制，取消分封和世袭制度，建立郡县制，实行耕战政策，从而使秦国迅速崛起，奠定了统一六国的基础。王安石以"天变不足畏，祖宗不足法，人言不足恤"（《宋史·王安石列传》）的大无畏精神推行变法，虽然最终失败，但他因此获得了"中国十一世纪改革家"的美誉，受到后人的赞赏和肯定。

二、敬业乐群

"敬业乐群"一词最早出现在《礼记·学记》："古之教者，家有塾，党有庠，术有序，国有学。比年入学，中年考校。一年视离经辨志；三年视敬业乐群；五年视博习亲师；七年视论学取友，谓之小成。""敬业乐群"是古代学校"考校"学生的项目之一，是一种学习要求。如何理解"敬业乐群"，古人有不少解释。孔颖达说："敬业，谓艺业长者，敬而亲之；乐群，谓群居朋友善者，愿而乐之。"从古代学校"考校"学生的项目来看，"敬业乐群"自然是学生在校学习的表现，"敬业"是专注于学业，"乐群"是与同学和睦相处。后人对"敬业乐群"有更宽泛的认识，不限于对在校学生的要求，而是对每一个人的基本要求。所以朱熹说："敬业者，专心致志以事其业也；乐群者，乐于取益以辅其仁也。"（《朱子文集·仪礼经传通解》）因此，"敬业乐群"就是对事业专心致志、与他人和睦相处，这是对所有人为人处世的基本道德要求。梁启超曾作《敬业与乐业》的演讲，他说："我这题目，是把《礼记》里头'敬业乐群'和《老子》里头'安其居，乐其业'那两句话，断章取义造出来的。我所说的是否与《礼记》《老子》原意相合，不必深求，但我确信'敬业乐业'四个字，是人类生活的不二法门。"

中国古代有着悠久的"敬业"传统，孔子说："居处恭，执事敬，与人忠。虽之夷狄，不可弃也。"（《论语·子路》）孔子把"执事敬"作为为人处世的最基本要求，是放之四海而皆准的道德规范。孔子还说："敬其事而后其食。"（《论语·卫灵公》）孔子本身就严格践行了这句话，《史记·孔子世家》记载："孔子贫且贱。及长，尝为季氏史，料量平；尝为司职吏而畜蕃息。""孔子为中都宰，一年，四方皆则之。""与闻国政三月，粥羔豚者弗饰贾；男女行者别于涂；涂不拾遗；四方之客至乎邑者不求有司，皆予之以归。"后来，孔子弟子冉有、子路担任公职，孔子就教训他们说："求！周任有言曰：'陈力就列，不能者止。'危而不持，颠而不扶，则将焉用彼相矣？虎兕出于柙，龟玉毁于椟中，是谁之过与？"（《论语·季氏》）在孔子的教导和影响下，孔子的弟子能够做到敬业守职，特别是子路忠于职守，最终死于公职。

古代不仅重视敬业，而且对于促进敬业也有不少高招。宋代司马光有一篇《谏院题名记》，论述了谏官"敬业"的重要性："夫以天下之政，四海之众，得失利病，萃于一官使言之，其为任亦重矣。居是官者，常志其大，舍其细；先其急，后其缓；专利国家而不为身谋。"正是因为"谏官"是否敬业非常重要，所以司马光要将担任过谏官的名字刻在石上，让当时和后来的人进行监督和评议："某也忠，某也诈，某也直，某也曲。"（司马光《谏院题名记》）"刻名于石"是对官员敬业与否的有力监督。南京明城墙至今仍然雄伟坚固，一方面源于当时修城工匠忠于职守，另一方面则是源于朱元璋要求筑城的每一块城砖都刻上工匠的名字，以便事后追责。这就是"物勒工名"，将姓名刻在建筑、器具、兵器等上面，这种做法从春秋时期就有，这是督促"敬业"的成功经验和做法。

"乐群"也是中国古代非常赞赏的美德，人类源自大自然，从猿进化而来，但其生存形式与动物不同。荀子曾说："人，力不若牛，走不若马，而牛马为用，何也？曰：人能群，彼不能群也。"（《荀子·王制》）因此，"群"是人类生存的必然要求，也是一个国家和民族力量的根本来源。孔子主张"乐群"，肯定"入世"的生活态度。在孔子周游列国期间，有一次遇到楚狂接舆，他唱歌劝谏孔子说："凤兮！凤兮！何德之衰？往者不可谏，来者犹可追。已而，已而！今之从政者殆而！"（《论语·微子》）孔子不为所动。又有一次，孔子让弟子子路问路，一个叫桀溺的隐者告诉子路："滔滔者天下皆是也，而谁以易之？且而与其从辟人之士也，岂若从辟世之士哉？"（《论语·微子》）这个回答是劝诫孔子师徒应"出世"归隐。听了这个回答，孔子虽然非常惆怅，但还是坚定地说："鸟兽不可与同群，吾非斯人之徒与而谁与？天下有道，丘不与易也。"（《论语·微子》）孔子"乐群""入世"之心是坚定不移的，即便在最危险坎坷的时候也没有动摇。

孔子"乐群"，非常重视建立和睦的社会关系。有一次，子路问孔子有何志向，孔子回答说："老者安之，朋友信之，少者怀之。"（《论语·公冶长》）还有一次，子路、曾皙、冉有、公西华和孔子一起谈论志向，曾皙说他的志向是："莫春者，春服既成。冠者五六人，童子六七人，浴乎沂，风乎舞雩，咏而归。"孔子赞叹道："吾与点也！"（《论语·先进》）孔子喜欢与人交际，也善于与人交际。关于交友，孔子有很多精彩论述，如："友直，友谅，友多闻，益矣。友便辟，友善柔，友便佞，损矣。"（《论语·季氏》）"巧言、令色、足恭，左丘明耻之，丘亦耻之；匿怨而友其人，左丘明耻之，丘亦耻之。"（《论语·公冶长》）"事君数，斯辱矣，朋友数，斯疏矣。"（《论语·里仁》）"里仁为美。择不处仁，焉得知？"（《论语·里仁》）《史记·孔子世家》记载孔子"弟子盖三千焉，身通六艺者七十有二人"。孔子以其乐观向上的人生态度和温和宽厚的人格魅力，赢得了时人的青睐和后人的敬仰。

三、扶危济困

在中国古代"大同"社会理想中，"矜寡孤独废疾者，皆有所养"（《礼记·礼运》）

是一个重要标准。"扶危济困"是中国的传统美德，它反映了中华民族的高尚品格，也给社会带来了正义和温情。《论语》记载，孔子的一个朋友去世了，但没有能力处理后事。孔子知道后说："于我殡。"（《论语·乡党》）还有一次，孔子的马厩失了火，孔子从朝廷回来，先问："伤人乎?"（《论语·乡党》）而不问马。这两件小事反映出了孔子对特殊群体的关怀。孟子在论述周文王如何实行仁政的时候说："老而无妻曰鳏。老而无夫曰寡。老而无子曰独。幼而无父曰孤。此四者，天下之穷民而无告者。文王发政施仁，必先斯四者。"（《孟子·梁惠王下》）孟子认为，鳏寡孤独是"天下之穷民而无告者"，国家实行仁政要从这些弱者开始。

"扶危济困"是一种高尚品德，那些能够"扶危济困"的高尚之士得到了人们极大的赞赏。司马迁在《游侠列传》中对那些"以武犯禁"而为官方不齿的市井游侠大加赞赏："其言必信，其行必果，已诺必诚，不爱其躯，赴士之厄困，既已存亡死生矣，而不矜其能，不恒其德。"鲁地有一个叫朱家的游侠，朱家"振人不赡，先从贫贱始。家无余财，衣不完采，食不重味，乘不过軥牛。专趋人之急，甚已之私"。楚汉时期项羽的部将季布，项羽兵败后被刘邦追捕，朱家不仅隐匿了季布，而且还亲自替季布求情，最终使季布得到赦免，而成为"一诺千金"的汉代名将。除了汉代游侠，司马迁还极为赞赏战国时期"扶危济困"的鲁仲连。长平之战后，秦国大军围困了赵国都城邯郸。有人建议，赵国应尊秦王为帝，以免除亡国之祸。鲁仲连听说此事后"义不帝秦"，竭力说服了主张尊秦王为帝的新垣衍。鲁仲连的慷慨陈词和雄辩论证，还鼓舞了围城的秦军将士。

司马迁对鲁仲连非常赞赏，所以专门在《史记》中为他作传，并赞扬他："鲁连其指意虽不合大义，然余多其在布衣之位，荡然肆志，不诎于诸侯，谈说于当世，折卿相之权。"（《史记·鲁仲连邹阳列传》）李白对鲁仲连"义不帝秦"和"辞不受金"也极为赞赏，在一首《古风》中李白写道："齐有倜傥生，鲁连特高妙。明月出海底，一朝开光曜。却秦振英声，后世仰末照。意轻千金赠，顾向平原笑。吾亦澹荡人，拂衣可同调。"

"扶危济困"不仅是侠客们的专利，中国古代许多知识分子也是"扶危济困"的义士。宋代"先天下之忧而忧，后天下之乐而乐"的范仲淹，不仅是一位著名的政治家、军事家和文学家，还是一位"扶危济困"的义士。时人钱公辅有一篇《义田记》，专门记载和赞颂了范仲淹"扶危济困"的义举。

范仲淹购置的"义田"使群族之人天天有饭吃，年年有衣穿，嫁女、娶妻、生病、丧葬都予以资助，而出仕为官的人则停止供给。范仲淹一生为官俸禄丰厚，但终身过着清贫的生活。他逝世的时候，家无余财，而把"扶危济困"作为遗志留给子孙。

明代思想家何心隐曾在江西永丰建立了一个叫"聚和堂"的民间组织，颇有一些

"乌托邦"的意味。何心隐把几千人的民众组织起来建立"聚和堂"，还专门成立组织严密的教育机构和养育机构，对"聚和堂"内部的民众进行教育和养育，这就使以前无力上学的孩子受到了良好的教育，鳏寡孤独之人得到了基本的救济。何心隐一心"扶危济困"，不仅不从"聚和堂"谋取私利，而且还把自己的财产贴补进去。"聚和堂"宛然成了小型的"大同"社会，虽然存在只有短短几年，但在中国古代历史上留下了精彩的一笔。

四、孝老爱亲

中国古代有研究认为，社会存在五种人伦关系，即君臣、父子、兄弟、夫妇、朋友，也就是"五伦"。中国古人很早就非常重视"五伦"，提出了处理"五伦"的道德要求。在"五伦"中，父子、兄弟、夫妇都是家庭伦理，《史记·五帝本纪》记载，舜继承尧的帝位之后，"举八元，使布五教于四方，父义，母慈，兄友，弟恭，子孝，内平外成"。"八元"是舜任用的八位贤臣，舜使他们实行"五教"，即"父义、母慈、兄友、弟恭、子孝"，这是对不同家庭成员的具体要求。《孟子》也记载，上古时候，人们"逸居而无教，则近于禽兽"，于是圣人"使契为司徒，教以人伦：父子有亲，君臣有义，夫妇有别，长幼有序，朋友有信"（《孟子·滕文公上》），人民有了教养，社会就安定有序了。《礼记·礼运》上说："何谓人义？父慈，子孝，兄良，弟悌，夫义，妇听，长惠，幼顺，君仁，臣忠。"虽然古代不同典籍对于家庭伦理的要求有所不同，但总的来说可以归结为"孝老爱亲"一条。

孔子强调"仁爱"是一种有差别的爱。孔子说："仁者人也，亲亲为大。"（《中庸》）孟子说："君子之于物也，爱之而弗仁；于民也，仁之而弗亲。亲亲而仁民，仁民而爱物。"（《孟子·尽心上》）孔子主张，仁爱要根据亲缘关系的远近依次递减，这是以人性作为基础的。因此，孔子对"仁爱"的解释，暗含了"孝老爱亲"的要求，特别对"孝悌"强调最多。孔子说："弟子入则孝，出则悌，谨而信，泛爱众，而亲仁。行有余力，则以学文。"（《论语·学而》）孔子认为，只要能做到"孝悌"，就和"仁"很接近了。孔子有个弟子叫闵子骞，这是一个大孝子，孔子就对他非常赞赏："孝哉闵子骞！人不间于其父母昆弟之言。"（《论语·先进》）孔子的弟子有若说："其为人也孝悌，而好犯上者，鲜矣；不好犯上，而好作乱者，未之有也。君子务本，本立而道生。孝悌也者，其为仁之本与！"（《论语·学而》）有若认为"孝悌"是君子实行"仁"的根本。孟子说："仁之实，事亲是也；义之实，从兄是也。"（《孟子·离娄上》）孟子认为，"仁"的实质就是孝顺父母，"义"的实质就是友爱兄长，也就是说"仁"的基础是"孝悌"。

孟子在论述如何实行"王道"的时候说："谨庠序之教，申之以孝悌之义，颁白者不负戴于道路矣。"（《孟子·梁惠王上》）"孝悌"之义的教育，中国古代极为重视。在官方教材"四书五经"中，关于"孝悌"的论述丰富而深刻。除了"四书五经"，古人还编纂了《孝经》《二十四孝》等专门的教材，阐述"孝悌"的微言大义，并树立了许多"孝悌"的榜样以便供后人学习。比如，在《二十四孝》中，就有很多孝子孝行故事。

第三节　中华人文精神

中华优秀传统文化积淀着多样、珍贵的人文精神，如求同存异、和而不同的处世方法，文以载道、以文化人的教化思想，形神兼备、情景交融的美学追求，俭约自守、中和泰和的生活理念等，是中国人民思想观念、风俗习惯、生活方式、情感样式的集中表达，滋养了独特丰富的文学艺术、科学技术、人文学术，至今仍然具有深刻影响。传承发展中华优秀传统文化，就要大力弘扬有利于促进社会和谐、鼓励人们向上向善的思想文化内容。

一、求同存异、和而不同的处世方法

"同"与"异"，"和"与"同"，是中国古代思想中两对重要的范畴。中国古代追求"同"，墨家"尚同"，名家"合同异"，各家对"同"的理解虽然不同，但求"同"的理想则具有相似性。但中国古人又普遍认为绝对的完全的"同"是难以实现的，也是不存在的。所以孟子说："夫物之不齐，物之情也。或相倍蓰，或相什百，或相千万。"（《孟子·滕文公上》）既然不能完全同一，就只能求同存异。求同存异的目的是"和"，也即和谐。君子追求"和"，而不追求完全的"同"。孔子说："君子和而不同，小人同而不和。"（《论语·子路》），君子应该追求和谐，不追求同一。和而不同是一切事物发生发展的规律。世界万物万事总是千差万别、异彩纷呈的，如果万物万事都清一色了，事物的发展、世界的进步也就停止了。求同存异、和而不同是中国古人赞赏和追求的处世方法。

追求和谐，不强求同一。关于"和"与"同"的内涵与区别，早在孔子之前就有人进行过阐释。《左传》记载，晏婴曾对齐景公论述过"和"与"同"的区别，晏婴说："和如羹焉，水、火、醯、醢、盐、梅，以烹鱼肉，燀执以薪，宰夫和之，齐之以味，济其不及，以泄其过。"（《左传·昭公二十年》）晏婴认为，"和"就是和谐，就像"五味"的调和，要有不同的作料进行合理搭配，这样才能做出美味的"羹"。不仅"五味"的调和如此，"五声"也是如此。"同"就是同一，单一作料无法调出"五味"，单一的声音无法形成"五声",所以晏婴说:"若以水济水,谁能食之?若琴瑟之专壹,谁能听之?同之不可也如是。"(《左传·昭公二十年》)晏婴论"五味""五声"的"和"与"同",是要向齐景公说明治理国家也要"和而不同":"君所谓可而有否焉,臣献其否以成其可;君所谓否而有可焉,臣献其可以去其否。是以政平而不干,民无争心。"(《左传·昭公二十年》)只有追求有差别的和谐,而不强求无差别的同一,这样才能处理好政事,才能治理好国家。

二、文以载道、以文化人的教化思想

"文化"是中国古已有之的一个词语,其内涵与现代不同。"文"的本意是指各色交错的纹理,《说文解字》上说:"文,错画也,象交叉。"另外,《易经·系辞下》记载:"物相杂,故曰文。"《礼记·乐记》记载:"五色成文而不乱。"这两处的"文"都是文的本意。在此基础上,"文"引申为语言文字、文物典籍、礼乐制度、哲学思想等文化成果。孔子说:"行有余力,则以学文。"(《论语·学而》)"文王既没,文不在兹乎?天之将丧斯文也,后死者不得与于斯文也;天之未丧斯文也,匡人其如予何?"(《论语·子罕》)这里的"文"就是指文化成果。"化"本义是变化、改变,引申为教化之意。《说文解字》上说:"化,教行也。"《周礼·大宗伯》上说:"以礼乐合天地之化。""文化"一词出现在典籍中,就有文明教化、以文化人的含义,如西汉刘向《说苑·指武》上说:"凡武之兴,为不服也;文化不改,然后加诛。"晋代典籍《补亡诗·由仪》上说:"文化内辑,武功外悠。"南朝齐王融《三月三日曲水诗序》上也说:"设神理以景俗,敷文化以柔远。"所以,在中国古代,"文化"从根本上就有文明教化、以文化人的内在含义,"文化"的重要功能就是"载道",而"载道"的重要目的就是"化人"。

中国古代"文以载道"的思想可谓源远流长。中国古代最早的诗歌总集《诗经》就是一部"载道"的作品。《尚书·尧典》中说:"诗言志,歌永言,声依永,律和声。"《庄子·天下》中说:"诗以道志。"《诗经》虽然是"言志"之作,但所言之"志"也是一种"道",具有教化的目的和功能。《荀子》在《儒效》《正名》等篇中提出了"文以明道"的思想。刘勰在《文心雕龙》中说:"辞之所以能鼓天下者,乃道之文也。"认为文章能够鼓动天下,就是因为它是明"道"的文章。唐代散文大家韩愈、柳宗元等人旗帜鲜明地打出了"文以载道"的旗帜。韩愈的门人李汉在《昌黎先生集·序》中说:"文者,贯道之器也。"柳宗元说:"始吾幼且少,为文章,以辞为工。及长,乃知文者以明道,是固不苟为炳炳烺烺,务采色,夸声音而以为能也。"(柳宗元《答韦中立论师道书》)白居易也说:"文章合为时而著,歌诗合为事而作。"(白居易《与元九书》)这就是说，不仅文章要"载道"，诗歌也应"载道"。对于"文以载道"的内涵，宋代理学家周敦颐在《通书·文辞》中明确指出："文所以载道也。轮辕饰而人弗庸，徒饰也，况虚车乎。""文"犹如车，"道"犹如物，车的作用是载物，而"文"的作用就是"载道"。这里的"道"，当然指的是孔子的仁义之道。

既然"文以载道"，那么"载道"之"文"自然就具有了"化人"的功能。孔子说："诗三百，一言以蔽之，曰'思无邪'。"（《论语·为政》）正是由于《诗经》思想纯正，所以孔子非常重视用《诗经》教育学生。孔子认为《诗经》具有重要的教育价值，他说："小子！何莫学夫《诗》？《诗》，可以兴，可以观，可以群，可以怨。迩之事父，远之事君。多识于鸟兽草木之名。"（《论语·阳货》）孔子曾告诫儿子孔鲤，"不学诗，无以言"（《论语·季氏》）。学习《诗经》还有利于治国理政和外交活动，孔子说："诵诗三百，授之以政，不达；使于四方，不能专对；虽多，亦奚以为？"（《论语·子路》）关于《诗经》，后人认为："正得失，动天地，感鬼神，莫近于诗。先王以是经夫妇，成孝敬，厚人伦，美教化，移风俗。"（《诗大序》）可见，古人认为《诗经》具有巨大的教化价值。正因为《诗经》具有多方面教育价值，所以作为五经之首，在中国古代产生了重要影响。

除了《诗经》等经典，甚至在古代被认为不登大雅之堂的小说也具有重要的教育价值。梁启超认为，小说对于一个国家和民族具有重要作用，所以他提出："欲新一国之民，不可不先新一国之小说。故欲新道德，必新小说；欲新政治，必新小说；欲新风俗，必新小说；欲新学艺，必新小说；乃至欲新人心，欲新人格，必新小说。何以故？小说有不可思议之力支配人道故。"小说具有"有不可思议之力"，所以其载道和教化功能更为强大。明代冯梦龙认为，小说具有一般其他经史作品所不具备的通俗易懂和生动感人的特点，他在《喻世明言·序》说："试今说话人当场描写，可喜可愕，可悲可涕，可歌可舞；再欲捉刀，再欲下拜，再欲决脰，再欲捐金；怯者勇，淫者贞，薄者敦，顽钝者汗下。虽小诵《孝经》《论语》，其感人未必如是之捷且深也。"他在《醒世恒言·序》中说："此《醒世恒言》四十种，所以继《明言》《通言》而刻也。明者，取其可以导愚也；通者，取其可以适俗也；恒则习之而不厌，传之而可久。三刻殊名，其义一耳。""则兹刻者，虽与《康衢》《击壤》之歌并传不朽可矣。崇儒之代，不废二教，亦谓导愚适俗，或有藉焉。以二教为儒之辅可也，以《明言》《通言》《恒言》为六经国史之辅，不亦可乎？"冯梦龙编辑出版《喻世明言》《警世通言》《醒世恒言》，看题目即知道这些小说作品具有教化指向。而其中的名篇，如《蒋兴哥重会珍珠衫》《沈小霞相会出师表》《杜十娘怒沉百宝》《玉堂春落难逢夫》《卖油郎独占花魁》《灌园叟晚逢仙女》等，无不是脍炙人口、劝人从善的精品佳作。

三、形神兼备、情景交融的美学追求

"形"与"神"这对范畴，在中国古代常用来指人的形体与精神。司马迁在《史记·太史公自序》中说："凡人所生者神也，所托者形也。神大用则竭，形大劳则敝，形神离则死。死者不可复生，离者不可复反，故圣人重之。由是观之，神者生之本也，形者生之具也。"人的精神和形体是不可分离的，精神是生命的根本，形体是生命的依托。"形"与"神"这对范畴也被用来揭示文艺作品的特征，指代文艺作品外在的形象和内在的精神。优秀的文艺作品，必定是"形神兼备"的作品。《列子·汤问》记载了"高山流水"的美谈："伯牙善鼓琴，钟子期善听。伯牙鼓琴，志在登高山。钟子期曰：'善哉！峨峨兮若泰山！'志在流水，钟子期曰：'善哉！洋洋兮若江河！'伯牙所念，钟子期必得之。"从这段描述可以看出，俞伯牙的琴声是"形神兼备"的妙音，钟子期既听到了"峨峨兮若泰山""洋洋兮若江河"这样的"形"，又听到了俞伯牙"志在登高山""志在流水"这样的"神"。

优秀的唐诗也是"形神兼备"的佳作。唐代诗人王维的山水诗，善于将"形"和"神"有机融合，创造出优美的诗境，常常能使读者置身图画中，所以宋代文学家苏轼称赞他："味摩诘之诗，诗中有画；观摩诘之画，画中有诗。"（苏轼《书摩诘<蓝关烟雨图>》）"诗中有画"的"画"就是诗的"形"，"画中有诗"的"诗"就是画的"神"，形神必须兼备才是好的诗、好的画。在《红楼梦》中，学诗的香菱谈了她读王维诗的感受："我看他《塞上》一首，那一联云：'大漠孤烟直，长河落日圆。'想来烟如何直？日自然是圆的：这'直'字似无理，'圆'字似太俗。合上书一想，倒像是见了这景的。若说再找两个字换这两个，竟再找不出两个字来。再还有'日落江湖白，潮来天地青'：这'白''青'两个字也似无理。想来，必得这两个字才形容得尽，念在嘴里倒像有几千斤重的一个橄榄。"（《红楼梦》第四十八回）实际上，曹雪芹在这里是借助香菱的话，来阐释他对王维诗歌"形神兼备"的特点的认同和理解。

"情"与"景"也是中国古代文艺理论中一对重要的美学范畴，"情景交融"是判断文艺作品优劣的重要标准。晋代陆机在《文赋》中说："诗缘情而绮靡。""诗缘情"，即认为诗歌的创造源自人类情感的需要。刘勰也说："昔诗人什篇，为情而造文。""盖《风》《雅》之兴，志思蓄愤，而吟咏情性，以讽其上：此为情而造文也。"（刘勰《文心雕龙·情采》）"情"的表达必须借助一定的形式，否则"情"只能是诗人自己的情。通常诗人借助"景"的描写来抒情，也就是"借景抒情"。《诗经》的一个重要表现手法就是"兴"，即诗人先言他物，然后引出所要表达的思想感情。例如，在《关雎》中，诗人首先通过对"关关雎鸠，在河之洲""参差荇菜，左右流之"等情景的描写，然后再表达"窈窕淑女，君子好逑""窈窕淑女，寤寐求之"的思想感情。在《兼葭》中，诗人也通过先描写"兼葭苍苍，白露为霜""兼葭萋萋，白露未晞""兼葭采采，白露未已"，进而表达出对"伊人"的爱慕。王国维认为："文学中有二原质焉：曰景，曰情。"他在《人间词话》中提出了著名的"境界"说，并以有无"境界"来评价词的优劣。王国维指出："词以境界为最上。有境界则自成高格，自有名句。"那么什么是"境界"呢？王国维指出："境非独谓景物也，喜怒哀乐亦人心中之一境界。故能写真景物真感情者，谓之有境界，否则谓之无境界。"实际上，"境界"就是由"景"和"情"有机构成的，能做到情景交融就是有境界，否则就是无境界。

四、俭约自守、中和泰和的生活理念

中国古代在处理个人、家庭和社会的关系时，把"修身"作为一项终身的必修课。古之欲明明德于天下者，先治其国；欲治其国者，先齐其家；欲齐其家者，先修其身；欲修其身者，先正其心；欲正其心者，先诚其意；欲诚其意者，先致其知；致知在格物。此处所说的格物、致知、诚意、正心、修身、齐家、治国、平天下，是人实现人生价值需要经过的八个具体步骤，被称为"八条目"。《大学》上还说："自天子以至于庶人，壹是皆以修身为本。"可见，在这八个条目中，"修身"是核心。格物、致知、诚意、正心，其目的是"修身"；齐家、治国、平天下，其基础也是"修身"。如果不修身，齐家都难以实现，遑论治国、平天下了。在对"修身"的理解中，中国古代又把俭约自守、中和泰和的生活理念作为其中的重要内容。

孔子的核心主张是"仁"。有一次，孔子和他最得意的弟子颜渊进行了一场关于"仁"的对话。

颜渊问仁。子曰："克己复礼为仁。一日克己复礼，天下归仁焉。为仁由己，而由人乎哉？"颜渊曰："请问其目。"子曰："非礼勿视，非礼勿听，非礼勿言，非礼勿动。"颜渊曰："回虽不敏，请事斯语矣。"（《论语·颜渊》）

在这场对话中，孔子认为约束自己、符合礼制就是"仁"，"礼，与其奢也，宁俭"（《论语·八佾》）。"麻冕，礼也；今也纯，俭。吾从众。"（《论语·子罕》）孔子还说："奢则不孙，俭则固。与其不孙也，宁固。"（《论语·述而》）也就是说，孔子在对"礼"的解释中，有"俭"的要求。孔子青少年时代生活贫困，"吾少也贱，故多能鄙事"（《论语·子罕》）。孔子成年之后曾做过鲁国的高官，社会地位和经济收入大幅提高，但他一生俭约自守，"饭疏食，饮水，曲肱而枕之，乐亦在其中矣。不义而富且贵，于我如浮云"(《论语·述而》)。所以弟子们称赞他"温良恭俭让"。孔子弟子颜渊一生安贫乐道，过着俭约自守的生活。孔子称赞颜渊："贤哉，回也！一箪食，一瓢饮，在陋巷。人不堪其忧，回也不改其乐。贤哉，回也！"(《论语·雍也》) 后人将孔子、颜渊这种安贫乐道、俭约自守的生活称为"孔颜乐处"，成为历代知识分子激励自己的生活榜样。

俭约自守是中华民族的传统美德，我国古人很早就认识到俭约自守的重要性，不少思想家总结历史和现实经验，都提出了俭约自守的思想。《尚书》提出："惟日孜孜，无敢逸豫。"《周易》提出："君子以俭德辟难。"《左传》提出："俭，德之共也；侈，恶之大也。"《墨子》提出："俭节则昌，淫佚则亡。"《朱子家训》提出："一粥一饭，当思来处不易；半丝半缕，恒念物力维艰。"这些至理名言深刻阐明俭约自守不仅是一种美德，更是实现发展的重要保障。孔子先祖正考父家的铜鼎上记有："一命而偻，再命而伛，三命而俯。循墙而走，亦莫余敢侮。饘于是，粥于是，以糊余口。"(《左传·昭公七年》) 正考父曾先后辅佐戴公、武公、宣公三个国君，经历了三次职务任命，但一次比一次恭谨，为了自我警示和教育后人，他在家里的铜鼎上刻了这段铭文，这就是正考父"三命兹益恭"事迹。若无俭约自守的美德，再多的财富也会失去。《韩非子》中所载"昔者纣为象箸而箕子怖"的故事引人深思。

昔者纣为象箸而箕子怖，以为象必不加于土翻，必将犀玉之杯；象箸、玉杯必不羹菽藿，则必旄、象、豹胎；旄、象、豹胎必不衣短褐而食于茅屋之下，则锦衣九重，广室高台。吾畏其卒，故怖其始。(《韩非子·喻老》)

据说商纣王做了一把象牙筷子，引发了当朝太师箕子的恐惧，因为他认为"象箸"将会诱惑商纣王走向腐化。后来箕子的忧虑不幸成真："居五年，纣为肉圃，设炮烙，登糟邱，临酒池，纣遂以亡。"(《韩非子·喻老》) 因此，箕子恐惧的不是象牙筷子本身，而是使用象牙筷子所引发的一系列严重后果。纣王制作和使用象牙筷子就抛弃了节俭的美德，选择了奢侈，最后毁掉了一个王朝。

古人强调的"修身"，"中和泰和"也是"修身"要达到的一种重要的人生境界。《中庸》上说："喜怒哀乐之未发，谓之中；发而皆中节，谓之和。中也者，天下之大本也；和也者，天下之达道也。致中和，天地位焉，万物育焉。"孔子认为，当人的喜怒哀乐没有抒发的时候，人的心灵是恬淡的，这就是"中"；喜怒哀乐表露抒发出来，但都符合礼制法度，而不偏激乖戾，这就是"和"。只要能做到"中和"，天地都会赋予他应有的位置，万物都会养育他，"中和"可以说就是一种内心恬淡宁静、行动符合法度的处世态度和方法。人的情感表达不应过于激烈，而要控制在一定的范围之内，在这方面，《诗经》做出了典范。《诗大序》说《诗经》："变风发乎情，止乎礼义。发乎情，民之性也；止乎礼义，先王之泽也。"孔子评价《诗经》的《关雎》说："关雎，乐而不淫，哀而不伤。"（《论语·八佾》）就是称赞《关雎》这首诗，快乐而不放荡，悲哀而不痛苦。其"喜怒哀乐"的表达"皆中节"。孔子还批评过患得患失的"鄙夫"，孔子说："鄙夫可与事君也与哉？其未得之也，患得之；既得之，患失之。苟患失之，无所不至矣。"（《论语·阳货》）孔子认为"鄙夫"在未得到职位的时候，就生怕得不到；已经得到了，又怕失去。如果他们生怕失去职位，就会利令智昏，就会无所不用其极了。显然，这种患得患失的"鄙夫"，内心经常处于一种惶恐状态，根本达不到"中和"的境界，而为人处世的时候就难免铤而走险、破坏法度了。可以与"鄙夫"相对应的是"君子"。有一次孔子弟子司马牛问孔子什么是君子，孔子回答说："君子不忧不惧。"司马牛追问："不忧不惧，斯谓之君子已乎？"孔子说："内省不疚，夫何忧何惧？"（《论语·颜渊》）可见，内心无愧、不忧不惧的"君子"才能达到"中和"的人生境界。

第六章　新媒体时代传统文化发展

第一节　传统文化发展定位与原则

一、传统文化传承与发展的关系定位

（一）深刻反思传统文化

继承创新必须坚持科学地评价。社会每前进一步，都伴随着对传统的反思，前进的步伐愈大，反思传统的热情愈高。中国传统文化的变革，是近现代中国人文学术研究的重要课题，是社会变革乃至社会革命的重要组成部分。

任何一个国家，其民族文化的发展和现代化，都离不开人类文明的共同成果，建设中国特色社会主义先进文化，也同样需要拓展眼光，开阔胸怀，积极吸收人类文明的一切优秀成果。但是，盲目推崇西方文化、彻底摒弃民族文化或盲目推崇民族文化、彻底摒弃西方文化，都不能把中国文化带上现代化之路。建设社会主义先进文化，必须把民族传统文化作为源远流长的母体文化，在对其批判继承、综合创新的基础上，充分肯定其现实意义，才有可能去借鉴和吸收西方近现代文化精华，从而在马克思主义和中国特色社会主义理论指导下，以中国现代化为主体目标，创造出中国特色社会主义的新型文化。

中国传统文化是民族的。中国传统文化作为社会历史范畴，体现了中华民族文化自身发展的特殊性，代表着几千年来中华民族文化思想和实践的积淀，反映了中华民族的民族性格、生活准则、生存智慧、处世方略，表现出中华民族的民族精神和文化类型。传统文化是中华民族屹立于世界民族和文化之林的依据，是使中华民族历经磨难而生生不息的源泉。从根本上讲，传统文化作为价值系统，只要该民族存在，就不可能消失，如果丧失了，也就丧失了民族自立的根基。

中国传统文化是时代的。人类社会具有从过去到现在发展的过程性，那么，人类文

就具有从传统到现代转变的适应性。虽然具体到不同国家、民族、地区有其差异，但就总体而言，莫不如此。中华文化几千年的发展从来都表现为从源到流的过程，从发展趋势来看是不断地向着现代化演变的。实际上，一切现代文明尤其是其精神因素，都具有超越时空的价值和意义。世界上已经实现现代化的国家对传统文化现代价值的开掘几乎全部是其文化现代化建设的一个必要环节。

中国传统文化是历史的。考察传统文化必须把它置于一定的时空象限中。传统文化是和当时的政治经济及社会制度紧紧相联系的。从历史的角度看，中国传统文化在生产方式层面，属于自给自足的自然经济，是农业文明的产物；在经济基础层面，它建立在私有制基础上；在上层建筑层面，它突出伦理和政治功能，与历史社会尊卑贵贱等级制度相联系。因此，它在中国近现代历程中的作用和影响，有其积极的一面，也有其消极的一面，具有历史局限性。

中国传统文化是民族的，因而是必须予以继承和发扬的；中国传统文化是时代的，因而是不断发展和进化的；中国传统文化是历史的，因而又必须是予以批判和创新的。

随着文化研究和对传统文化反思的不断深入，人们逐渐抛弃了对民族传统文化的激进批判和简单否定态度，认识到任何新的文化不仅必须在原有传统的基础上进行，而且民族传统文化还应是我们创新的主要文化资源。无数的历史经验证明，不论我们主观上是否否定，传统始终是我们无法摆脱的精神纽带。中华民族在长期的历史发展中逐渐形成的文化传统，已经稳固地植根于我们的民族性格中，积淀于民族每一个成员的血脉里，成为中华民族的精神脊梁。

（二）传承发展必须坚持科学理论指导

近代以来，国人在传统文化的继承方面进行了艰苦卓绝的努力，取得了重大进展和成就。20世纪以来我国文化建设的一大景观，就是运用西方近现代的某种思想理论对中国传统文化实施解构、整合或重构。在这一过程中，提出了"思想的根本精神""民族精神之潜力""抽象理论最高之学"等观点，构建了"新心学"等理论体系，这对于中国传统文化的继承、推动传统文化的现代化和现实社会的文化建设都发挥了重要而积极的作用。但是，必须看到，他们所援引和根据的一般是近现代资产阶级的某一种思想理论。无论哪一种理论，尽管都具有某种程度的真理性和科学性，但整体上都是非科学的理论。因而，在这些思想理论的指导下，研究中华民族传统文化继承问题，虽然不乏真知灼见，并在一定程度上促进了传统文化的再生和转化，但是都没有从根本上解决问题。

马克思主义传入中国以后，中国文化发生了革命性的变革，传统文化的传承才走上了适合中国的创新之路。马克思主义与中国具体实践相结合，证明了用科学理论指导实践和在实践中丰富并发展科学理论的重要性及不可分性，揭示了只有运用马克思主义科学理论分析中国传统文化，并从中汲取营养，使马克思主义获得民族形式，才能与社会实践一起在更完整的意义上丰富马克思主义，实现马克思主义的中国化。不仅如此，还揭示了只有坚持不断发展和以马克思主义理论为指导，才能对中国传统文化进行科学的甄别、选择、更新和转化，从而使之真正实现现代化，中国共产党人一直高举马克思主义综合创新的文化大旗，以开放的态度和博大的胸襟，广泛地吸收和借鉴中华民族传统文化和西方现代化先行国家的正反历史经验，并在借鉴中发展，在继承中创造，在转换中升华，使中国传统文化走上了现代复兴之道，生生不息之道，后来居上之道。

（三）传统文化"传承发展体系"对中国特色社会主义文化发展的价值意义

中华传统文化"传承发展体系"建设，是对中华文化如何继承昔日辉煌、推进当下辉煌，以及"铸就中华文化新辉煌"这一历史主题的观照。当下的辉煌，指的是中国特色社会主义文化正在创造的辉煌，其是中华传统文化面向的特定文化环境，同时也是中华传统文化"双创"的服务目标。中华传统文化的发展必须以中国特色社会主义文化所处的时代、条件为转移，如果忽视中国特色社会主义新时代的背景环境，忽视中国特色社会主义文化的客观存在，会使传统文化发展陷入唯心主义中，也将使传统文化"传承发展体系"丧失实际意义。

为何这样讲呢？近年来，随着中国日益走向世界舞台中央，中华传统文化的影响力、辐射力确有提升。但究其根本，是中国特色社会主义事业蓬勃发展、中国综合国力增强在文化领域的体现。因而，"传承发展体系"作为一种观念文化的发展策略，必须具有立足中国道路现实成就的自觉意识。继承传统、再造传统，为中国特色社会主义文化提供扎实的历史文化资源和精神主体性依据，为激发中国特色社会主义文化发展的可持续性，提供用之不竭的源头活水。从本质来看，坚持中国特色社会主义文化本身，就是在坚持中华传统文化的积极成分。问题的关键，在于我们要看清楚"传承发展体系"中，中国特色社会主义文化和中华传统文化之间，谁处于主导地位、谁处于被支配地位。问题的答案，是不言而喻的。

反过来讲，中国特色社会主义文化也以中华传统文化为精神之根、创造之基。恰如马克思指出的："人们自己创造自己的历史，但是他们并不是随心所欲地创造，并不是在他们自己选定下来的条件下创造，而是在直接碰到的、既定的、从过去继承下来的条件下创造。"中国特色社会主义文化必须充分借鉴传统文化的精华和智慧，构筑其内部连续性与阶段性相统一的历史发展脉络，知所从来、思所何为、方知所从。在中华传统文化恢复昔日尊严的镜鉴中，我们能够把握中国道路发展的规律性，把握中国特色社会主义文化的先进性、科学性和可理解性，从而构筑深厚的文化自信、强烈的历史主动。

需要强调的是，中华传统文化形成于封建历史时期，其思维定势主要是为了巩固彼时社会秩序的稳定，并不能直接用来阐释当下中国社会发展的实际状况。纵使在"东升西降"的世界历史中，传统文化主张的中庸与大同、内敛与谦和，与西方强势的文化品格形成强烈反差，引发广泛影响，但其也不能够成为中国文化的代名词，而只是中国特色社会主义文化的关键词之一。传统文化的有益成分，长久涵养着中国人的精神世界，但新时代的中国成就还是应由崭新的中国符号去统筹、去展示；对于其中缺乏自主进取的冲动、不合时宜的理念，我们应予以剔除。过度沉湎于传统文化的昔日辉煌，容易滋生一种不顾时势、因循守旧、抱残守缺、托古更化的"瞻后"性思维，阻碍中国特色社会主义事业的发展与进步。

（四）传承发展必须坚持传承中创新

众所周知，夹竹桃是一种有毒的植物，在国内应用较少，大多在南方的一些铁路两旁偶有种植。但夹竹桃在欧洲一些国家的应用则较为普遍。6月中旬，在意大利，不管是南部的那不勒斯，还是北部的米兰，公路两旁、街头绿地、园林景观里都盛开着灿若云霞的夹竹桃。公路两旁栽植的夹竹桃是经过矮化处理和精心修剪的，呈球状，真正是花团锦簇。而街头绿地、园林景观中栽植的夹竹桃与国内一样，大多呈灌木状。更有一些居民在自家的房前屋后盆栽夹竹桃。意大利人对夹竹桃的喜爱程度可见一斑。

意大利人对夹竹桃的这种浓厚感情实际上也是对一种文化的认同和传承，并且在保护传承中创新发展。在意大利和法国旅游期间，人们在饱览了庞贝古城、圣母之花大教堂、米开朗琪罗广场以及卢浮宫、凡尔赛宫等这些"传说"中的名胜古迹的同时，也常常惊诧于他们如此完好地保存了祖先留给他们的遗产。

中国传统插花艺术，扬派、徽派、英石假山盆景技艺以及洛阳牡丹花会已被列入"非遗"名录，成为被保护对象。它们的成功入选，为其保护和传承提供了好的开始。在"保护为主，抢救第一，合理利用，传承发展"的保护方针指导下，我国已逐步形成了符合国情的非物质文化遗产保护体系，中央和省级财政已累计投入几十亿元用于非物质文化遗产保护。与其他"非遗"保护项目一样，花卉类"非遗"保护项目在其保护和传承上也做了大量工作。中国插花花艺协会、北京插花艺术研究会每年都会开展大量的宣传保护传统插花艺术的工作，目前也正在积极筹备建立传统插花艺术博物馆；而扬派盆景博物馆则早在 21 世纪初就已建成，使扬州有了展示扬派盆景艺术的专题游览胜地，同时也使扬派盆景的保护、继承和发展有了可靠保障。

当然，保护只是一种手段，传承不应该是不加甄别和筛选地全盘继承，只有在继承传统的基础上不断创新，才能达到发展的目的。对插花、盆景等传统技艺来说，创作者要及时分析和了解市场需求，根据时代发展和审美变化，在不改变传统技艺特点的前提下，进行工具创新、技法创新、题材创新、风格创新，努力创作出为更多人所了解、所接受、所喜欢的"鲜活"作品，使其产生经济效益，形成传承的经济基础，传统技艺才能重新获得生命力。而对像洛阳牡丹节这样的节会来说，主办方在不改变节会性质、办会目的的前提下，要在办会形式、会展内容、服务手段等方面创新，使节会既有社会效益，又有经济效益，如此节会才能有长久的生命力，才能长久办下去。

二、传统文化传承与发展的原则

（一）传统与现代融会贯通原则

不管文化的发源多么久远，它的枝繁叶茂是靠现实的土壤来培养的。因此在对待传统文化的继承与发展方面一定要立足现在，回望历史，坚持传统与现代的融会贯通。

继承传统文化，必须立足于有利于传统文化的繁荣和发展，推动传统文化的现代化。文化继承固然离不开历史，但更重要的还是依赖于社会实践。传统文化能否得到传承和如何传承，必须依其能否在社会实践中实际发生作用以及如何发生作用来确定。继承传统文化是手段，建设具有时代特色的先进文化是目的，凡是与现实脱节的传统文化，在其历史发展中终归难以传承下去。因此，在传统文化的继承问题上，我们必须确立传统文化的主体性原则，以我为主，为我所用，为现实所用。继承、选择的目的和标准，都是为了满足主体的需要。按照自身的需要，对今天的现代化建设有用有利的就继承，无用、有害的就不继承。进行传统文化创新要从现实需要出发，通过对传统文化中积极的形式和内容的系统转换，寻求其中的理论资源、民族智慧、经验教训，为解决现实中的重要社会问题，提供思想方法、历史借鉴。中华民族的传统既有现实的根据，又有历史的渊源；既符合人类历史发展的趋势和时代潮流，又有中华民族自己的特色；既符合中国人民的根本利益，又有利于世界的和平、稳定、繁荣与进步。改革开放，正是中华民族自强不息和变革创新精神在当代的集中体现和创造性发展。同理，我们要把经过各种外来理论洗礼的优秀传统文化，作为文化的重要组成部分，使之变成人们的价值观念、社会意识和文化精神。

（二）大众化原则

民众是传统文化传承的主力军，因此传承文化要依靠民众，让民众日常生活成为传统文化生存的基本寓所，使传统文化从"王谢堂前"的精英文化走向"寻常巷陌"的大众化文化，同时让传统文化成为民众文化构成要素，并且引导和左右人们的行为。

大众化是当前继承传统文化的有效途径，或许有人会说这是废话，传承优秀传统文化不就是要增加大众对传统的认知吗？可现实是，在许多时候保护传统是脱离大众的。脱离大众、脱离现实生活的传统文化抹杀了传统文化的实用价值，也就把保护传统文化的责任变成了文化精英的任务，使得传统文化的保护丧失了现实动力和社会基础，这样的保护无异于破坏。

传承传统文化是当前人们的精神需要，是文化归属感和家园感的必需，不是几个学者责任心的展示，这是很重要的导向。因此，应该多发掘传统文化中的现实价值，这不是文化精英能完成的工作，应该把选择权交给大众，要做的是呈现传统文化，而不是升华到抽象的高度，让人望而却步。

我们正处在一个文化向社会生活全面渗透的时代，对我们来说，文化的大众化是不可回避的，也只有这样的文化才能焕发出生机和活力。文化传承大众化原则具体包含以下内涵。

一是文化内容常识化。文化内容的常识化，正如科学的常识化，是以理论或科学去变革和更新常识。具体地说，主要是以理论的或科学的世界图景、思维方式和价值规范去变革和更新常识的世界图景、思维方式和价值规范，也就是使理论和科学成为人们普遍认同的和普遍遵循的常识。在现代社会中，非常识的常识化对于人和社会的现代化的同步发展，对于实现人自身的全面发展，具有最基础性和最普遍性的规范、协调和支撑的重大历史作用。特别是对建设文化强省的宏伟蓝图而言，文化内容的常识化就显得尤为重要。这就需要在传统文化传承过程中的表述方式上必须摒弃过于烦琐的逻辑论证，而是必须贴近大众的现实生活，把传统文化的具体内涵具体实际结合起来，并将之转化为民众价值观念、思维方式和行为方式。只有这样，传统文化才能真正实现大众化。二是与公众实践相结合。实践是传统文化得以传承的保障，也只有与不断解决人类的实际问题相结合，传统文化的内涵才能不断地更新。换言之，就是要与公众自身的日常实践结合起来，即必须考虑民众生动的实际生活，必须考虑现实的确切事实，使传统文化真正走进民众的日常生活。三是走进日常话语。这主要是指在传统文化的继承与发展过程中要采用老百姓通俗易懂的语言。这就要求传统文化在话语表现方面实现两个方面的转变：第一，由经典化向通俗化转变。对传统文化的继承和发展，在话语表达上应该使之具有通俗化的表达形式。第二，由抽象的理论向具体化的生活世界转变，用传统文化精髓实现对大众文化的整合和引领作用。这就要求我们在传统文化的传播过程中必须向具体的现实生活世界回归，即应该从一般的原理层面的研究转向对当下中国人生活世界存在的问题及其解决办法的理论思考，使传统文化成为民众的主导性文化。四是走进日常意义。所谓日常意义，主要是指传统文化对大众个人日常生活所具有的意义。以前我们对传统文化的传承意义的宣传，往往将其置于很高的位置，抽象地描述其所具有的意义，对大多数民众来说，与他们有很大的距离，或者说他们中有的根本难以理解，这对传统文化的继承与发展是不利的。要解决这个问题，就必须使民众知晓传统文化对其具有的日常意义，使民众理解传统文化的继承与发展对个人生活幸福所具有的意义。只有这样，传统文化才能为大多数人所接受，才具有更多的生机和活力。

（三）超越性原则

在继承传统文化中注入新的时代内容，通过内在创造性的转化而生出支撑时代文明的新文化。文化发展有其连续性和非连续性，连续性是一个国家、民族文化得以延续、发展的保证，非连续性则是跃迁、提升的重要环节。只承认连续性，就会忽视现代化所要求的文化与传统文化的重大差异，相反，只承认非连续性，又会陷入文化虚无主义的困境。传统文化的发展是连续性和非连续性的统一，二者的统一就要求我们在传统文化传承上必须坚持继承和超越的统一。文化的发展无疑是以继承为主线的，但是，如果仅仅继承，没有超越，民族传统文化就只能在原有的水平上踏步不前，就不能适应变化了的条件，不能在新的起点上得到继承。历史证明，文化的成功继承，总是与超越紧紧地联系在一起的。真正的继承必然是有所超越。今天，世界多极化、经济全球化的曲折发展，各种思想文化必然相互激荡和相互影响，中原传统文化要与中原现代化建设实施对接，进而走向世界。必须在继承的基础上实行超越，要对优秀的东西予以弘扬和对负面的因素进行清理，既不能让优秀的丢掉，又不能让腐朽的东西在社会上流行。继承和超越是辩证的整体性思维，继承不是最终目的，必须实现超越，超出历史的圈子，实现历史的跨越，让优秀的思想有所创新，有所发展，有所突破，从而形成服务于现实社会实践的新文化。

中国传统文化博大精深，内容丰富，绚丽多彩，其中虽然有一些因时代进步和社会发展显示出历史局限性或滞后性，甚至是落后性，但是其主要部分和内核是合理的和优秀的。只要坚持马克思主义批判继承的方针，善于用社会主义精神并且能够根据社会主义发展的需要，对优秀传统文化遗产做出科学梳理、现代诠释和必要改造，就能找到传统与现代接轨的契合点，就能把社会主义思想道德建设奠定在我们优秀传统文化的历史依托上，使之获得民族化、科学化、大众化、为人民群众所喜闻乐见的具体形态，真正为建设创造良好的舆论环境、道德条件和文化价值机制，为我们文化强省建设提供丰富的文化资源和精神营养。

（四）辩证转化原则

首先，对优秀传统文化中与时代不符的内容进行创新性转化，去其糟粕、取其精华，使传统文化在现代社会生活中产生实质性价值。其次，根据当前社会发展规律，进行传统文化新媒体宣传的资源筛选工作，摒除那些会对现实社会产生不良影响的传统文化内容，对与现实社会道德价值相背离的传统文化，要进行完全的阻断与隔离；对只在某些群体或阶层、年龄层次产生有价值影响的传统文化，可实施有限制的隔离；对一些有年龄段限制的文化作品或民俗，禁止不符合条件的人员使用。与此同时，对有精神文化内涵的优秀传统文化进行积极引导、转化，使更多有价值的传统文化为社会服务。

（五）整合提升原则

要以现代社会文明进步为基础，对传统文化中的积极因素进行拣选。对传统文化的选择，取决于人们对文化的自觉认知程度，只有了解、掌握传统文化价值，才能对其进行选择。我们需要对传统文化中的成分进行有效选择，剔除糟粕，进一步融贯整合、推陈出新。根据文化特性和发展需求，对传统文化进行结构整合重组，从有效选择、有机整合、层次结构三方面进行传承发展系统提升。传统文化在表现形式上要想得到现代人认可，需要以现代需求方式对其进行重新整合，以一种全新现代文化形式呈现出来。在这个过程中，要注重传统文化与现代文化的融通。这种整合方式，可使传统文化在发展传承过程中进一步提炼创新，推动社会文化繁荣发展，顺应时代发展需求，体现传统文化精神，这是传统文化传承创新的发展目标和基本落脚点。

（六）传承创新原则

中华传统文化的文化基因，存在于社会、存在于民间、存在于中国人的文化长河中已有千百年之久。对它的传承是为了延续，创新是为了超越。在文化创新发展中，实现传统文化自身价值增值、内涵升华。从社会发展大环境来看，中国人的衣食住行、民风民俗、言谈举止等传统文化符号和价值理念无处不在。在现实生活中，传统文化早已适应并融入中国社会，正是有了这种适应形成的大众基础，才能更好地对传统文化进行批判和改造，做到超越创新，传统文化才能在现实生活中更好地发展生存。因此，要想做好中华优秀传统文化传承工作，首先要了解当今社会所处的时代特征，以符合时代发展的模式推动传统文化传承发展体系的建立。优秀传统文化能丰富人们的思想境界，满足现代人精神需求，促进我国现代化建设。当文化传承与国家发展相结合，就会形成有效的良性互动，使传统文化在传承中得到发展创新。

第二节　新媒体时代传统文化发展途径

中华民族传统文化是我国千百年来智慧的结晶，是中华民族世世代代维护的宝贵精神财富。长期以来，传承中华民族传统文化一直是国家关注的问题，我国提出"坚定四个自信"的理念，其中文化自信是非常重要的内容。因此，社会中无论是个人还是集体都自然而然肩负着继承和弘扬我国优秀传统文化这一使命。纵观社会历史进程，科技与文化作为社会的两大要素总是相伴前行，推动人类社会不断进步。随着网络技术不断发展，相继出现了不同类型的衍生物，人们获取各类资讯的过程也更快、更准确：新媒体技术便是网络科技的衍生产品之一，它是指利用手机、电脑等终端通过卫星网络、无线信号等方式进行信息传播的途径。作为当代传播精神文化的一种方式，它不但为传统文化的发展提供了更新颖、有效的方式，对于传统文化的传承也有着义不容辞的责任。

一、"新媒体+传统文化"融合的意义

（一）传统文化传播更加简便易行

在互联网时代背景下，新媒体形式多种多样，如：电视媒体、数字化媒体等，它们除了可以展现不断发展的现代科技外，还为文化传承开辟了新道路。如许多网络视频分享原生态生活风貌，发扬中国传统文化和工艺，以中华民族引以为傲的美食文化为主线，分享酿制酱油、美食制作、养蚕制衣等衣食住行各方面的内容，这些视频题材来源于古老中国真实、质朴、自然的传统生活，激发了人们对中华传统文化的兴趣，那些被遗忘的美食、劳作方式被重新带回到大众视野中。近几年，短视频直播平台已逐渐走入人们的生活，越来越多的人接受了这一新时代产物，并且难以割舍。这就使得我们在文化传承的道路上不再局限于纸媒、电视等传统渠道，因操作工具、流程、场地等因素的局限性大大减弱，人人都可做一名"传统文化传播者"，传播方式变得快捷简便，且传播效果变得更加明显。

（二） 了解、认同中华传统文化的人数更多

在过去，信息宣传的途径少、范围窄、收效微，但在互联网纵横、新媒体技术流行的今天，信息传播速度与范围都是非常惊人的。以央视的《中国诗词大会》为例，《中国诗词大会第二季》的话题引爆全网，据可靠统计，有关"诗词大会才女武亦姝"的话题视频浏览量超过了 4000 万，其他《中国诗词大会》相关微信公众号文章的阅读量也都突破了 10 万。《中国诗词大会》的播放促进了各个年龄段人群对于古诗词的学习，使人们更加有兴趣去领略古诗词之美。同种类型的节目还有很多，如《汉字英雄》《见字如面》等电视节目也都得到很不错的反馈。并且在各个高校也会经常性地举办类似的"诗词大赛""成语大赛"等，甚至有很多国际友人也相继开始学习汉语文化，中国文化的博大精深被愈来愈多的人认同和了解。

（三） 传统文化在当代提炼出新的社会价值

当今的社会是被互联网连接的社会，新媒体作为网络的衍生品，各行各业都希望能够与之相融以促进自身成长，但由于产业结构和现实技术的影响，使得二者融合并不是非常顺利。倡导"新媒体+传统文化"相融合的理念广泛应用于各行各业，且各行业必须增强这种融合意识并在本行业的运营中加以推广，就能使得该行业的发展得到创新，寻求到更多机遇。传统文化的融入在当今社会发展中提炼出的新的文化价值，无论对于社会产业的进步还是传统文化的传承都具有积极作用。

二、新媒体时代传统文化发展路径

（一） 优秀传统文化在新媒体时代的重大效用

中华优秀传统文化历经千年积淀且不断演化发展，蕴含着中华民族的精神特质和文化特征。新媒体背景下，传统文化展现出愈来愈大的魅力，在新媒体时代有愈来愈大的效用。

第一，优秀传统文化提升了新媒体的文化内涵。利用新媒体对传统文化内涵进行深层次的探究和挖掘，遴选出恰当的文化元素融合到新媒体中，借助新媒体巨大的传播时速和传播效应，可带给人们无穷的回味，甚至不可磨灭的回忆。

第二，优秀传统文化有利于建立民族记忆。民族记忆是一个民族存在、发展的凭证，也是体现民族智慧、加强民族凝聚力的关键。利用新媒体的发展和新媒体技术传播传统文

化，有利于民族记忆的保留。

第三，优秀传统文化有利于提升文化认同。新媒体时代，多元文化的发展，容易造成人们价值观念各异，理想信念偏移。但是优秀的传统文化可以促使人们理想信念的坚定、价值观念的认同，使人们形成强大的动力和向心力。这种强大的动力和向心力就是我们所说的文化认同。

第四，传统文化有利于文明社会的构建。新媒体时代由于社会价值中经济取向，逐渐促使文化泛娱乐化现象的频发，这些情况有碍于文明社会的构建。中华优秀传统文化历久弥新、传承久远，具有海纳百川的文化品格和明确的伦理特征，可以为建设文明社会提供了不竭的思想动力、深厚的文化基础和丰富的精神内涵。譬如，优秀传统文化蕴涵的和谐思想、家国一体的精神等都极大地推动了文明社会的构建，为文明社会的构建提供了不竭的精神源泉。

（二）新媒体时代传统文化发展的路径探析

1. 创新文化表现形式

中华传统文化有着超时空性和超时代性的基因，但在新媒体时代传统文化发展也存在着诸多的局限性，需要不断创新传统文化的表现形式。传统文化博大精深、源远流长，应以新媒体为媒介，对优秀传统文化进行重塑，展现文化的传统意蕴。传统文化从业人员需借助新媒体的文化表现形式和传播途径，来增强传统文化影响力和吸引力；应赋予传统文化能够体现时代性的文化内涵，使之与现代社会、现代文明相适应，提升传统文化的凝聚力；传统文化从业人员也应加大表现方法、表现手段的创新，奋力找准与受众间的共鸣点，努力将传统文化转变为拥有吸引力的表现形式；传统文化从业人员亦应处理好传统艺术特性和新媒体技术的融合和衔接，将传统文化融合到当下的生活场景中，融入现代视觉元素，再现其艺术魅力。

2. 创新文化传播方式

以数字技术为基础的新媒体，建立了全新的传播环境。受众广、信息量大、互动性强、传播及时是其主要特点，这种传播模式在逐步改变人们的交流方式和生活方式，且新媒体技术是当前文化传播的重要载体，因此，传统文化理应适应这种传播模式。

传统文化在传播模式上要紧跟新媒体技术的发展，深入探索 AR、VR、人工智能等新兴技术在传统文化传播方式上的运用，把传统文化转化成互动性强、真实感强、可视度高的全媒体景象。这样不但能增强文化内容上的吸引力，还能让文化受众深刻的感受到文化的魅力。新媒体时代，运营方式和传播模式都在发生变化，要想积极促进传统文化的传播和发展，就要充分对优秀的传统文化进行整合，提升转化时效，不断创新传统文化的传播方式。

3. 重塑文化传承话语

社会的发展进步依靠文化的传承和传播，新媒体技术作为文化传播的媒介，在重塑传统文化传承话语过程中也具有重要的作用。智能技术和数字化技术的飞速发展带来了许多新业态、新思维，也给传统文化的发展带来了新的机会，这一情况要求传统文化的话语表达方式必须适应新媒体的需求而进行相应的转变。只有在传播和表现观念时话语才能发挥符号的作用，只有被观众理解、消化和接受的各种符号才是有意义的。

新媒体传播是目前传播的主要方式，传统的传播模式已经逐渐退出历史舞台。但是传统的传播话语不能适应新媒体的传播形式，这就面临着"梗阻"问题。话语的"信码—符码—解码"在这一过程中，随着传播方式和技术的发展而发生改变，因此，传统文化需要一个积极解释文化语意的过程。为解决这一"梗阻"问题，只有通过积极主动转化传统文化的表达方式，通过"信码—符码—解码"或者话语共享的关联来实现传统文化的传承和创新。简而言之，就是使传统文化的传播适应新媒体时代受众的需求，以此来重塑话语，推动传统文化的发展。

4. 增强新媒体技术赋能

数字技术的支持可以为优秀传统文化的创新性发展和创造性转化提供更广阔的发展空间。数字媒体技术和特效技术的广泛运用，是新媒体传播的典型特征。新媒体时代传统文化的发展一定要借助数字赋能，以技术为突破口，充分运用 AR 技术和 5G 技术，让"历史照进现实"，构建人们关于传统文化的空间冲击和视觉记忆，增强人们的体验感和参与感，使传统文化展现出鲜活的魅力。

中国传统文化源远流长、璀璨夺目，但是随着社会的发展和时代的进步，传统文化怎样赢得青年人的喜欢，是需要我们积极探索的课题。要发展传统文化，要使传统文物、传统遗产"活起来"，就要加强数字技术的运用。网络直播、AR、5G 技术的不断发展，丰富了传统文化的技术呈现，也为传统文化的保护、创新开辟了新空间。以博物馆为例，可利用 5G 技术、VR 技术，把文物"数字化"，高精度化的数字录入，可以精准录入文物的每个细节。一方面，可以把书画、古籍的细节呈现；另一方面，通过视觉加工和虚拟场景，可以使文物焕发出新的生机和活力，使人们可以实时且深度游览博物馆。

传统文化和技术加持下的新媒体融合发展不断加强。网络直播最具有代表性，互动性强且直观，深受大众喜爱，尤其是被青年人所推崇。譬如，网络直播可以为非物质文化遗产带来新的发展机遇。被中国人世代所传承的非物质文化，在网络不发达的年代，并不被大众所熟知，只被极少数人所传承发扬。但是网络技术的发展，网络直播的发展，凭借其平台巨大的用户量和特有的传播模式，打破了非物质文化在固有的文化圈层和文化人群中传播，为非物质文化传播和发展带来了新的发展机遇，不仅提升了非物质文化的传播方式，也提升了其传播的效果。同时，"非遗"文化产品可以和直播平台的卖货主播深度合作，既促进"非遗"产品的销量，加大经济收益，又拓展了"非遗"产品的知名度。总之，新媒体直播和"非遗"文化的结合，不但打破了空间、时间、地域的限制，又能使非遗文化实现再生发展。

中华文化独具魅力，既是中华文明的瑰宝，又是世界文明的宝藏。在传统文化的发展中，理应结合各种先进技术，增强技术赋能，使传统文化的表达形式更加现代化，实现传统文化的有效传播和科学发展。

三、新媒体时代中华优秀传统文化的传承与发展策略分析

（一）新媒体内涵以及优势

新媒体是继广播、电视、报刊等传统媒体之后发展起来的新的媒体形式，具有自主开放、平等交互、即时快捷等特点，包括数字杂志、数字报纸、数字广播、移动电视、桌面视窗、数字电视、数字电影、触摸媒体、手机网络等具体表现形式。新媒体的发展以及介入，深刻改变了中华优秀传统文化传承与发展的主体、内容、形态、渠道、效果，使其主体呈现多元交融趋势，人们通过移动终端设备了解、挖掘、整理中华优秀传统文化资源，并可自由参与到其传承以及创作过程中；内容表现出历史记忆与时代生活、宏大主题与微观议题相互融合局面，把中华优秀传统文化资源与信息资源相结合，呈现创意发展、百花齐放的内容资源发展现状；形态体现出超文本可视化互融特征，依托新一代数字媒体技术展现新模式、新内容，如动漫、舞蹈、短视频、音乐等；渠道向微传播、微内容发展，微信、微博、短视频平台、数字电视、知识类平台、资讯类平台、教育类平台都可成为其新的渠道；效果更具实效性，通过对点的互动性，以及重新梳理包装，激发中华优秀传统文化活力，提升传承与发展质量和效率。

（二）新媒体时代中华优秀传统文化的传承与发展策略

1. 培育文化传承新媒体发展的多元主体

新媒体时代下，全民参与文化传承创新，正在成为现实。因此，要充分利用新媒体这一载体，强化非物质文化传承人以及新媒体人的参与感，激活文化传承发展多元主体。一方面，提升传承人新媒体能力。新媒体与中华优秀传统文化的结合，令许多尘封的文化开始走出固有圈层，走进普罗大众的视线。所以，应当发挥传承人的作用，组织他们学习新媒体平台运用、短视频制作与剪辑、平面设计等能力，引导他们在中华优秀传统文化传承与创新过程中积极融入新媒体，如制作短视频、制作音乐、制作动漫、开展网络直播，并在各个平台进行传播，让更多人了解中华优秀传统文化；另一方面，调动新媒体人积极性。新媒体时代，每位用户都扮演着中华优秀传统文化的接收者、生产者的双重角色，能够助力传统文化多元化发展。因此要抓好网络文艺创作，树立以人才培养为主的鲜明导向，建立健全中华优秀传统文化人才培育和服务体制机制，联合新媒体平台、社会机构、事业单位等主体力量，对有意向新媒体人实施定期培训与教育，出台中华优秀传统文化创作激励措施，提升他们的中华优秀传统文化传承与创新意识，孵化出一批具有网络传播以及创新能力的新媒体传统文化传播人才。

2. 采取多元化的传承与传播方式

新媒体下的中华优秀传统文化传承与发展，是创意和文化的融合，是潮流设计与东方美学的交融。因此，应当扎根于五千年文明土壤，用受众喜欢的方式，讲述中华优秀传统文化。一方面，应当创新中华优秀传统文化的展示形式。以技术搭桥、以互动增色，运用三维动画艺术、AR 技术、VR 技术、PR 技术等数字媒体艺术，重塑文化数字性表现形式，渲染中华优秀传统文化美感，促使那些抽象的虚空的中华优秀传统文化，以动漫作品、动态长图、短视频、表情包等形象化、具体化形式表现。比如，以中华优秀传统文化中的"春分"为创作灵感，以动态短视频为呈现形式，在系统掌握这一节气内容寓意和物候特点的基础上，利用新媒体技术和动画技术，通过绘声绘色的动画场景以及诙谐的影视配音，描摹这一节气的具体表现，把传统节气文化变得大众化、简易化。再如，利用人工智能技术，综合图像处理、视频处理，使传统手工艺立体化展现。另一方面，应当创新中华优秀传统文化的叙事方式。过去说文以载道，以及老套、常规、被动的教育方式，容易让受众对中华优秀传统文化留下刻板、古板、经典、严肃的印象，生硬传达文化价值和知识。身处在文艺传播的新时代，需要引入"文化+综艺""文化+直播""文化+舞蹈""文化+游戏"等表达范式,采取文化与历史、经济、科技、教育、文艺等跨界融合的方式,通过剪影动画、情景歌舞、当红说唱、时空对话、情景模拟、真人探险、虚拟技术等表达方式,将艺术性与娱乐性、文化性与科技性相结合,突破传统模式下文化和文学简单呈现。

3. 促进新媒体与传统文化媒介融合

伴随移动传媒的扩张布局,中华优秀传统文化需要全方位认知新媒体平台,善于把握互联网传播规律,营造线上线下互动场景,加强中华优秀传统文化新媒体平台建设,融入小红书、哔哩哔哩、微信平台、微博平台、快手等新媒体平台,如入驻短视频平台、开通"云游"直播服务,并通过评论、转发、弹幕、私信等方式即时反馈,促使受众在线上实现共走丝绸之路、看敦煌的鸣沙山月牙泉、观故宫的花开花落。同时,善于运用新媒体开展调研,发挥网络传播互动、体验、分享的优势;利用大数据、人工智能等数字技术,持续丰富传统文化素材,吸收与容纳多元文化,丰富和完善文化生态系统,精准分析公众文化需求,做好留言审看、处理反馈、二次创作,促进中华优秀传统文化"个性化"创新、推广高质高效,在文艺创作、经济建设、文化塑造等中发挥作用。

4. 利用名人效应,打造优质传统文化节目

现阶段"明星效应"对一档全新节目来说是至关重要的。大多数年轻人会模仿偶像的行为、语言,甚至把偶像的成就当作自己奋斗的目标,因此,打造一档有知名人物加入的文化类节目首先会吸引这一固定的观众人群。21 世纪初,在一档探寻故宫历史的文化节目——《上新了·故宫》中,节目组邀请了部分影视名人作为故宫文创新品的开发员,带领观众一起探索故宫里的历史文化遗迹,并且每期节目都会与跨界设计师和高校设计专业的学生联手创新出一个文创产品。这档节目一经开播便引发网友关注,起初很多观众是奔着看明星去的,到最后被故宫历史文化所吸引,并且看过节目的很多网友表示每期节目所涉及的文创产品都能让人领略到历史与现代的相融之美。

借助名人效应来推动文化类节目开展的实际例子很多,这些节目在选取名人时并不单纯由流量热度决定,而是有一套相应的考量标准,参加节目的明星对我们的传统文化都有深度的了解和学习,并且节目后期的制作人员在相关传统文化专业性上也绝对过关,只有这样全方位地精心制作,才能打造出一档优质的传统文化节目。名人的加入会让节目在开播之初得到一定的关注度,这样就能保障制作方和媒体的收益,更重要的是会增加主动了解传统文化的观众人数、拓宽文化传播范围,最终促进优秀传统文化的传承。

5. 创建传统文化电子数据库

以往,传统文化大多是通过纸质媒介来传播的,在用纸质媒介进行传播时,信息资源

的整合会受到资金、纸张、人力等因素的限制，所以传播的信息有限。在当下新媒体技术发达的时代，传统文化传播的媒介自然不会一成不变，建立一定规模的海量信息电子数据库就非常必要了，以便将文化资源数字化。"中国古籍库"项目是我们国家图书馆启动的一项数字化数据库工程，此工程分为 20 个大类，细分为 100 个子录，涵盖社科、人文等多个学科。据不完全统计，其中包括 20 亿字的文字资料和 2000 万+的图像资料，电子数据库的存储容量是《四库全书》的好几倍。建立传统文化的电子数据库，实现海量资源的便捷存储，便于随时查看，可以加快传统文化的普及和交流。

6. 引进政府支持，加大文化传播力度

国家一直高度重视中华优秀传统文化的弘扬，一直鼓励我国每位公民要主动学习传统文化，但促进传统文化传承和传播仅靠个人或者小部分力量难以形成显著成效。近年来，一些传统文化的传播面临困境，存在着消失的危险。国家投入的社会科学基金和艺术基金使这些处于危险边缘的传统文化得以存活。为了防止优秀传统文化消失，除了资金支持外，还需要新媒体的协助，然而实际上，媒体由于现实原因并没有始终重视传统文化的推广。如果有政府力量介入，调节和控制部分媒体的话题方向，使媒体能够更多地传播传统文化、倡导文化传承，将能引起更多公众的关注，有利于传统文化的传承。

7. 融入"中国风"元素，促进传统文化与时代相结合

实际上，最近几年"中国风"元素已经逐渐成为时代新潮，一些导演和音乐人会在自己的作品中加入"中国风"元素，并且从西方街头传入的嘻哈文化也有"中国风"元素的加入。这种现象在逐步提升国人文化自信的同时，也提升了国人对中国传统文化的兴趣。曾经，毕业于清华大学的李旻、宋晨、马雪晶三位中国设计师设计的《中国日报》海外版封面惊艳了国内外大众朋友，他们在设计中巧妙地将中国元素和西方艺术融合，让不少国外朋友赞叹中国元素的美，并且成功在海外刮起一阵"中国风"。

其实"中国风"早在 18 世纪就已经在西方掀起狂潮，当时的西方设计师认为"没有中国元素，就没有贵气"，所以在西方的一些建筑、服装等设计中都能看到中国元素的存在。"中国风"的流行体现出世界人民对中国文化的认同，在当下合理利用"中国风"元素，对中国传统文化加以包装，使文化符合当代大众的欣赏水平和文化需求，挖掘出传统文化对当下社会的时代价值，才能更好地促进传统文化的发展。

中国优秀传统文化与新媒体融合具有非常广阔的发展前景。弘扬优秀传统文化不仅是对每个公民的要求和希望，更是每个公民自身义不容辞的责任。新媒体为信息资源的整合与传播提供了更便利的条件，在保留优秀传统文化精髓的情况下，我们应该采用更方便、

更有效的媒体形式来普及传统文化。现阶段，新媒体也正处于创新发展的关键时期，我们应当把握这一机会，利用新媒体的自身优势，来扩大文化传播的范围，加大传统文化传播力度；充分运用现代科技来弘扬传统文化，让更多的人认识并了解到中国优秀传统文化，感知到我们中华传统文化蕴含的智慧，领悟到传统文化中的深刻内涵，吸引到更多的人关注传统文化。相信在不久的将来会有越来越多的人加入传承传统文化的行列中，使中华民族宝贵的精神财富一直延续下去。

四、新媒体赋能传统文化艺术传承与发展

（一）传统文化艺术在新时代的传播境遇

随着时代的不断前进和发展，中华优秀传统文化艺术受到的青睐和重视与日俱增，但传统文化艺术如何更好地适应新时代，如何更好地在媒体科技发达的今天继续传承下去成为值得思考的课题。在以前靠师徒传播、口耳相传的技艺正在互联网浪潮面前经历发展的阵痛，许多依靠传统习惯进行传承的艺术形式、具有浓厚本土特色的文化技艺也随着时代流行因素的变化、继承人断代、受众减少等濒临失传。其间既有现代化带来的传统艺术无法适应之前所依赖的社会经济结构的变化，又有年轻人在城市化大潮驱使下离开农村从事现代化职业，导致农村地区传统艺术面临失传的窘境。另外，当前人们更习惯于在网络中寻找娱乐，而传统文化艺术、特色民俗艺术从表演形式、内容等方面不可避免地有一种与时代脱节的感觉，加上新生代群体审美趣味更加年轻化，传统文化艺术难以吸引他们的注意，因而自然会在传播力、影响力等方面受到影响。

信息化社会带来的除了工作效率的提升和信息传播速度的加快，还有日常生活的快节奏对人们耐性的削弱，因而碎片化传播走入了大众的视野。在媒介融合和网络通信发达的大趋势下，能够使人们一目了然的百字以内的短消息、十几秒的短视频这种传播形式日渐火热，受众在快节奏的生活中对段落式、娱乐式的"碎片化信息"趋之若鹜，无论是新闻资讯、社会热点还是娱乐信息均能以碎片化的传播形式迅速使受众接受。与阅读大段文字相比，人们更需要的是简单明了、切中要害的短消息，因而碎片化传播因其简洁性、高效率获得了公众的肯定。在紧张忙碌的生活中，短视频、短文式消息因其简洁明了的优点成为公众获取信息的主要途径，其及时性、快捷性的特点能够让受众在短时间内掌握要点，以往长篇累牍的文章故事在短视频、短文时代受众不到一分钟即可了解大概，提高了传播的效率。纵使通过抖音、快手之类的短视频和短文式新闻能让受众在最短的时间内获取所需消息，但这种碎片化传播极易造成断章取义、与事实背离的现象。在以流量为重的互联

网世界中，标题党、博眼球的情况时有发生，自媒体编辑为吸引更多浏览量不惜罔顾事实，将真实信息打散化简重组，以最能吸引流量的标题和内容将原本长篇事实剪辑成几句话甚至十几秒的短视频，人们在忙碌之余以最短的时间代价获取了他们认为是正确的信息，这就使得信息歧义和虚假消息大行其道。另外，碎片化传播还会造成信息零散的现象，在把经典文化作品重新选片段剪辑后，虽能够做到节省时间篇幅，却容易失去文化艺术作品真正的意蕴，容易产生误读的情况。我国的传统文化艺术作品无论是文字还是其他艺术形式在欣赏时通常需要特定的时间含英咀华，细品其间意味，而在如今新媒体传播的境遇下，以碎片化传播的形式对文化作品进行删改很可能造成对文化艺术作品的误读和曲解，而且在娱乐性偏重的社交媒体环境下，泛娱乐化的传播趋势和传播环境在一定程度上会影响对传统文化作品教育价值的兼顾。

互联网高度发达同样带来了信息爆炸，特别是泛娱乐化信息泛滥冲击着传统文化艺术的生存空间。互联网不受时空限制的特点使得各种信息充满人们的生活，各种娱乐化碎片化信息以大水漫灌式注入受众的大脑，公众不需要多加思考就能获取各种信息。与这些不需耗费脑力的信息相比，中华传统文化艺术的宝贵精神内涵在当下短、快的传播模式中难以形成竞争力，且传统文化艺术通常含有过于浓厚的民俗文化色彩，受众特别是青年一代在接触它们时不免会心生一定的"抵触情绪"，导致难以发挥其价值。中华文明历史积淀下来的精华并非当下能多快速制造的网络信息商品，而是需要人们静下心来体会的前人智慧结晶。因而，如何更好地融入互联网时代的媒体传播，如何借助新技术在多元化信息时代"出圈"，如何既符合当代公众审美趣味又不失中华优秀文化精髓是对新时代的传统文化艺术传播的一个挑战。另外，在当前媒介快速发展的背景下，传统的话剧、舞蹈、曲艺、地方非遗艺术等需要受到时空场地限制的传统艺术也易受到新媒体的冲击。如何通过新媒介技术吸引观众，以有趣、易懂的形式照顾观众的审美感受，进而让更多的人接受这门艺术，这也对从业者提出了要求。在新媒体时代，信息传播速度加快、覆盖面持续扩大，与传统媒体相比较，新媒体的双向传播成为突出特点。传统媒体以单向的传播形式向受众灌输信息，受众只能被动接受，而在新媒体时代，其双向传播的特点允许受众对信息做出反应，且受众可以通过评论、再次创造等表达自己对信息的情感，因而更容易吸引流量。

另外，在大数据分析的加持下，新媒体的个性化推荐功能也可以使其他同样感兴趣的受众看到此条信息，怀有同样喜好的受众可以立刻表达自己对作品的见解，参与讨论与创作，这样能够使更多的人具有参与感和归属感，为他们打造社区感，因而增强用户的黏度，提高新媒体吸引力。新媒体平台的特点对中华优秀传统文化的创新性提出了挑战，如何在坚守文化精髓的同时通过展现形式、语言文字的创新增加趣味性和互动性也是新时代传统文化艺术需要突破的困境之一。

（二）新媒介技术与新媒体平台赋能文化艺术发展传承

如果说长久以来传统文化艺术的传承与传播往往依赖于自我形成的、口耳相传的传统方式，那么进入当代，文化艺术的传播则更多有赖于媒介传播。数字化媒介和全新的展演技术在融媒体时代为文化艺术的传承开辟了崭新的传播渠道，同时也为广大受众带来了全新的艺术感知。"作为人类社会精神文化的重要组成部分，艺术是随着人类社会生产生活的发展而不断发生变化的。"毋庸置疑的是，互联网即时性、同步性的传播特点极大影响了传统文化艺术的发展模式和传播形态。无论是以往依赖于人际传播的传统技艺或是由于技术限制只能在一定区域内享有盛名的地方艺术特色，抑或是被普通民众评论为"晦涩难懂""阳春白雪"从而敬而远之的艺术，在互联网和新媒体的影响下都正逐渐面向网络民众掀开神秘面纱，而这两者的存在也给予受众发声的机会，让人们可以在弹幕、评论中各抒己见，帮助他们更好地认识之前少有机会接触的文化艺术。新媒体平台、新技术也为编者提供了再造经典、全新演绎传统文化的机会，正是这些新变化为社会打造了不同以往的全新文化景观。

互联网的不断进化为大数据的应用奠定了基石，社交媒体平台以及自媒体矩阵等多种形态的新媒体正借助大数据的平台，发挥着用户吸引和内容推荐引流的重要作用。这些技术在帮助传统文化艺术下沉到最基层、最末端方面展现出不可忽视的重要性。各类艺术创作者通过新媒体平台宣传推广其作品能够有效地与受众互动，平时喜爱艺术的民众在掌上平台上就能享受到艺术带来的愉悦感，而社交平台的内容推荐体系又能发掘潜在受众，让更多的人对艺术产生兴趣，从而推动传统文化艺术的传承，加深其影响。新媒体平台在这一过程中也因为艺术作品的不断输出进而实现平台的多元发展，增加平台价值。新技术的辅助和新媒体矩阵在传播、沟通方面的加持有效助推各类文化艺术不断"出圈"，增强中华优秀传统文化艺术在当代特别是在青年群体中的影响，显现出中华文化的影响力和话语权。

1. 新媒体与新媒介技术赋能舞蹈艺术传播

舞蹈艺术在国家社会生活和政治生活中具有记录和表现重大事件、传播思想的作用，历经上千年的发展和变革，对于继承和弘扬中华优秀传统文化、推进中华文化影响力有其不可忽略的作用。舞蹈艺术的内容价值较为多元，除了美学价值和记录历史、传承历史外，还有一定的政治意义。新媒体在舞蹈艺术的传播中有重要的助推作用，其传播优势首先表现在传播速度上，与通过传统剧场欣赏舞蹈表演的受众数量相比，新媒体平台上的舞蹈受众也更广泛。借助互联网的高速上传和全球化传播特点，新媒体平台对舞蹈艺术的传播辐射范围广大，能够让更多的人在第一时间看到最新的舞蹈艺术作品。另外，新媒体时代为舞蹈作品创作带来了更多的宣传机会，传统的舞蹈编导创作团队通常以艺术创作为主，没有相应的宣发部门，而在新媒体时代，舞蹈作品从制作、编曲、排练、出演全流程均可用于宣发，除了优质的作品可以在制作完成后通过新媒体平台进行首轮作品推广，舞蹈作品的台前幕后以及花絮等难以在正式作品中展现的内容也可以通过新媒体平台跟进，为观众进行二次解读，开展作品的二次、三次传播。

2. 新媒体与新科技赋能书法艺术传承发展

书法艺术是一项有着千年历史底蕴的中华传统文化代表，与中华儿女的成长息息相关，与其他传统文化境遇相似，互联网时代对书法艺术也同样带来了不小的冲击。如何以科技创新赋能传统文化艺术发展，以"互联网+""大数据"助推传统文化产业转型升级成为了新的命题。科技为传统文化的发展提供技术支持、传播渠道和物质支撑，在文化传播、文化消费、文化生产、文化监管等多领域推进文化繁荣。

尽管先进的技术是发展新兴产业的重要前提，但是相较于文化行业这样有悠久历史的行业来说，新兴技术与传统文化的结合同样可以为振兴传统文化做出贡献。将书法与先进技术相融合，再借助新媒体平台的传播能力会提高书法文化的核心竞争力，也有助于提升对书法文化遗产的保护水平，使这一优秀的非物质文化遗产更好地延续下去。

科技为书法的传承注入了新的发展动能，由中国科学院自动化研究所与某公司共同研发的智能书法台，为书法在新时代的传承传播做出了典范。该设备可用于传统毛笔书法写作、交流、展示和教学，主要投放于国家各层级公共文化服务设施和各类商场、街区，供人们体验。设备为体验者全方位地营造了仿真环境，通过用仿真毛笔在电子砚台中蘸墨，便能够在仿宣纸的电子屏上自由书写，书写完成后可以进行云端存储、字迹优化、加盖印章、实时分享、打印等，并可以在设备上查看其他作者的实时作品，并可以请专家为作品打分。现代生活中正逐渐取代传统的笔墨纸砚，人们也大多不再以纸笔为主要办公工具，而以电脑、手机等智能设备为主，这使得传统书法文化的保护、传播受到阻碍。以科技驱动发展，以文化为核心内涵，这样的"科技+文化"新模式既能保护、发扬传统文化内涵，又贴合当代生活实际，符合人们的日常习惯。智能书法台融合了文化内涵和数字技术，丰富了人们的文化生活，提升了教育型体验，这一虚实结合的文化体验新模式为书法艺术的全球化传播开辟了新方向，使传统文化更新颖，有助于激发文化活力。

3. 新媒体赋能音乐艺术传承发展

音乐艺术因其易于传播的特点而更加贴合网络传播的特质。"现在的艺术欣赏方式不同于传统音乐的单向传播，网络时代的人们可以更多地参与到音乐创作中来，从单向接受到多项参与，从欣赏到自由创作再到重新推出，让每一位音乐爱好者都能从中获得创作的愉悦和审美的享受，这也正是当下的艺术欣赏方式。"目前国内一些知名音乐人通过网络直播的方式进行音乐艺术的传播，为音乐的普及传播增加了新的路径。近几年，国风音乐渐成风潮。国风音乐为一脉相承的中华传统音乐注入了流行和古典文化两种元素，这种多元化的融合极具形式和内涵的多样性，在歌词和编曲方面，既沉淀了深厚的中国古典文化寓意，又将广受听众欢迎的流行元素巧妙地融入创作中。新媒体平台成为国风音乐的主要传播平台，创作者以国风音乐为背景音乐，结合自编自创的国风舞蹈在各大视频平台广受关注，促进了音乐艺术的传播和传承。

音乐作为全世界通行的一门艺术，在不同年代有不同的特色。即便人与人之间语言不通，但音乐艺术诉诸感性的形式以及与生俱来的柔性吸引力对不同受众群体均具有潜移默化的情感效应。进入新时代，音乐发展更加多元，在科技的助力下出现了电子音乐、二次元音乐等新音乐概念，对音乐的界定也更加宽泛。全球化思潮的影响使民乐与西方乐器的跨界融合成为可能，辅以新媒体平台强大的传播力为传统民乐的传承注入了新的生命，也使民乐在当代互联网文化中不断"出圈"。

(三) 新媒体时代对文化艺术传播的影响

以上概述了融媒体时代为传统文化艺术传播生态带来的改变和为传统文化艺术传承发展带来的新机遇，这一事实表明了中华传统文化艺术所固有的强大生命力和影响力，以及与如今的传媒手段相互融合的关键意义。互联网时代以前，传统文化艺术的传播方式较为保守，多为口耳相传或纸质化传播，依赖于人的代代相传，这种传播模式影响范围小，受到人的主观因素影响较为明显，且文化艺术的发展呈现较为自然的状态，富有地域特色，更贴近当地百姓生活。然而，随着网络开拓了人们生活和沟通的疆域，文化艺术如果不借助互联网的力量其传播与发展将会大打折扣。新生代群体更倾向于借以网络了解世界、感知和接受艺术，文化艺术作品纵然有其传统的传播方式和市场定位，但如果没有互联网的助力，其传播效力与影响力将减弱，乃至失去当前在市场中的份额。现如今，互联网已经发展成为当代社会不可替代的重要传播媒介，因而文化艺术的发展亟须适应现实条件的改变并以此探索出符合实际的全新艺术传承模式。随着时代的进步，采用互联网新媒体进行传统文化艺术作品的传播与传承已经成为一种大趋势，尽管传统的文化艺术传播方式不可替代，但互联网新媒体作为一种平行的文化艺术传播渠道已经成为无可争辩的现实。

传统文化艺术与当代新媒体技术以及数字化舞台展现形式的深入融合重构了文化艺术传播的交流形式，激发了广大人民群众更加深刻的认同感。新媒体平台借助其互动性和实时性的特点，能够让受众获得良好的使用体验，新技术的发展也使枯燥乏味的古籍文字活了起来，提供了全新的了解、学习经典文化艺术的机会。在上千年漫长的历史沉淀过程中，我国部分优秀传统文化元素在传承中丧失了原始的历史背景，而利用数字技术如VR虚拟现实等则可以真实地再现那个时代的场景，以便让人们更好地感知这些优秀传统文化所反映的社会图景和历史背景。

媒体通信技术的发展同样优化了现代文化艺术传播的技术构成。文化艺术传播从最初的纸媒传播、影艺剧院传播等传统传播形式到现在结合新媒体平台、新传媒技术传播，打破了传统传播形式的限制，为文化艺术的创造性转化与创新性发展提供了新机遇。动漫IP、虚拟人物、人工智能、虚拟VR实景、8K高清视频等各类新技术都为传统文化艺术的发展注入新动力，提高了文化艺术在当代的传播效率，同时也将传统经典文化转化为人民群众喜闻乐见的形式，提升了其影响力。如今，在8K超高清数字技术和4D动感影像的帮助下，《清明上河图》已被重新打造成为一种全新的艺术形式，成为一个可沉浸体验、可分享的展演项目。这一项目可以让参观者沉浸式游览画中所描绘的汴京城，切身感受那个辉煌的盛世时代中千姿百态的生活景象。互联网通过VR技术能够让沉睡在博物馆中的文物活起来，让观众跨越千年时空，切实感受到文物的魅力。近期在山东美术馆举办的济南国际艺术双年展吸引了大量观众，由艺术家田晓磊打造的系列作品《神话》走红网络，其中一组"机械臂维纳斯"跳舞的画面尤为引人注目。经典雕塑作品《断臂维纳斯》被作者赋予机械手臂，跟随着音乐舞动，蝴蝶、章鱼、蜗牛被赋予人的特质在屏幕中优雅舞动，作者借以个体形象表达人类与技术的关系，为人们思考人类在未来如何与科技共处、如何演进等提供了新的讨论。这些科技文化创新产品在传承经典的基础上为研究文化艺术内涵提供了新方向，有助于传统文化艺术在新时代的改革创新，而时代的发展也为创新文化经典提供了新的可能。

技术的进步丰富了文化艺术的传播途径。在以往，只有艺术家的作品才能够被展览、刊登，而在新媒体时代下，无数热爱艺术的人可以随时通过互联网将自己的艺术创作展示给社会公众，同时也能够通过互联网随时欣赏艺术作品并参与文化艺术活动。在新媒体技术的辅助下，文化艺术传播不仅能够打破时空地域的局限，还能为艺术家们提供更广阔的视野，开拓其艺术创作新思路。数字化媒体的深入变革为传承传统文化经典和创新传统文化艺术提供了高效便捷的条件，也为中华优秀传统文化走向世界提供了技术支持。

第七章　新媒体时代传统文化传播

第一节　新媒体对文化传播的贡献

一、新媒体对社会结构的影响和发展趋势

（一）空间极度压缩，互动越来越快

新媒体打破了原来的时间和地域限制，极端压缩的空间使每个人所处的真正位置变得无关紧要，身体的存在位置不再是确定一个群体是否具有共同经历的先决条件。在越来越多的事件中，身体可能是缺位的，但人们可以享受到共同的经历。新媒体将生活在不同的物理空间中的人整合进入一个共同的虚拟场景，使得相处在同一空间的人们可以在不同的场景中得到分离，线性模型的社交互动被打破。但与此同时，新媒体对于传播时效性的不断追求也令人们的交互向着即时性和在线性转变。人们的零碎时间被最大限度地整合，在新媒体引领的时代中，社会始终处在即时在线的紧迫感中。

（二）人们的真实社会角色和身份被剥离，可以有不同的网络身份和角色

在新媒体空间中，参与者不依赖社会现实存在，而是扮演自己希望扮演的角色，发挥与在现实生活中完全不同的作用。现在，虚拟社交网络越来越成为现实世界的延伸，现实社会和虚拟社会相互重叠。一个人可以使用不同的身份和角色参与网络，显示出多重人格。因此，如何实现互信，如何快速确定双方在互动中的作用，是新媒体对社会结构发出的挑战。在社会范围扩大的同时，人们的社交圈也倾向于集中化，以兴趣为依据聚合成小圈子。新媒体带来的新型社会联动和动员能力也将使不同阶层之间的差异更加显著，社会利益集团的界限逐渐明确并巩固。

(三) 人们正在进入信息推荐时代

新的信息中介改变了信息传播格局，延长了信息传播链，其要点在于个性化信息的积累和传播，原有的线性、互动、流通等传播方式受到挑战，在随时转变的传送者和接收者之间添加了智能信息过滤系统。从简单的垃圾邮件信息清除，到搜索引擎的关键词，再到个性化的推荐系统，通过互动和个性化的筛选，信息被输送到个人，并成为个人所在圈子内的共享信息，继而产生新的热点，在传播过程中形成新的社会事件。但是，新信息中介是把所有其他媒体的内容借过来作为自己的内容，面向用户提供接口和平台，以此来控制媒体的内容和流程，这就形成了"谁来监督新信息中介机构全面、公正地提供信息"的问题。

(四) 人们的记忆方式和内容偏向发生了变化

搜索引擎给人们的思维方式带来了巨大影响，互联网搜索逐渐成为解决问题的重要途径。因此，人们的记忆方式发生变化，更多的选择性记忆在于重要的信息点和信息访问路径，而不是具体的内容。在过去我们比谁拥有更好的记忆力，而现在比的则是记忆的方式，也就是说谁能记住重要的信息点和信息访问路径，找到路径就能找到所需的内容。

传统的构词法被解构，新媒体解构式的语言形成和传播方式显示出更多的反规则化、零散化、去中心化等特点。恶搞、嘲笑、质疑权威成为新媒体内容的一种常见风格。大量短小的碎片化信息正在从不同的角度向传统话语权威发起挑战。因此，新媒体通过不同语言碎片的反规则拼接，形成新的三维图景，构建起新的话语系统。许多网络词汇已经逐渐成为口头语，无论人们是认可它的幽默诙谐还是批判它的庸俗粗鄙，它都已成为一种社会现象，渗透到网络世界乃至现实生活中的每一个角落。

二、新媒体在文化传播中的作用

(一) 新媒体优化整合了传统文化的传播体系

新媒体对文化传播有重大影响，对传统文化交流体系的优化整合发挥着重大作用。从社会信息系统层面来看，在现代技术飞速发展的背景下，新媒体的出现，不仅使现代文化交流平台发生了变化，而且增加了文化交流渠道。从人类文明发展的历史可以看出，在文化交流的过程中，首先是人与人之间的直接口头传播，随着科学技术的不断发展，到现在出现了新媒体，传播方式和传播媒介都发生了翻天覆地的变化，触摸屏、虚拟现实、幻影成像、多媒体、互联网等都为文化传播提供了非常方便的渠道，新传播媒体则从多个角度打破了传统的沟通边界，开创了不同以往的新型文化传播形式，迅速实现了文化传播途径的优化过程。

目前，在经典纸质媒体向数字化转型的浪潮中，纸质媒体始终受到数字新媒体的冲击，报刊流通发行量和广告收入逐年下滑。报刊行业除了试图实现数字转换的同时，也期待开放数字广告这个新的收入渠道。

（二）新媒体改变了传统文化的传播方式

从新媒体传播技术的角度来看，在固定文化交流互动的过程中，新媒体具有独特的非实名特征，能够从根本上摆脱传统身份认同理念的束缚，在不暴露自己信息的条件下与陌生人进行交流沟通，公众在文化传播中具有充分的安全感。新媒体传播拥有自己的保护机制，在相关机制的保护下，大多数人愿意透露自己内心最真实的想法，可以促进群体内部的有效交流，从根本上提高文化传播的质量和效率，加强文化交流的凝聚力。另外，在新媒体的条件下，文化传播的主体和客体之间会随着交流情境的改变而产生位置交换，也就是说，主体与客体的地位并非一成不变的，每个人都可以是信息的发布者与接收者。自媒体作为后网络时代的新秀，创造了个人沟通的新纪元，所有人都是内容的提供者，传播的主体不再局限于专业媒体。自媒体的广泛使用已经将数字出版公司从单一内容提供商转变成为内容的传播者和内容的组织者。另外，在新媒体环境下，社会中的主流文化和边缘文化能够得到有效碰撞，可以激起思想的火花，让大众能够及时欣赏到新的文化、新的内容和新的情感。

（三）新媒体可以有效地刺激多元文化形式的出现

新媒体对传播文化的影响也体现在这样一个事实上，它可以有效地刺激各种文化形式的出现，一种新的文化传播媒介，不仅在社会中以一种文化的形式存在，还是一个文化体系的构成元素，这种新媒体进行文化传播时，势必会形成一个崭新的文化秩序，所以与传统媒体不同，新媒体可以对文化进行重新包装，给予全新的定义和理解。例如，在欣赏一首歌曲时，可以尝试使用高科技和计算机技术来创建一个虚拟图像，给观众提供一种非常高端的新型视觉享受，采用一种新的形态，实现良好的交流互动以及新旧文化的融合，创造出新的文化形式，使得新时代的文化传播具有更强的包容性和参与性。

（四）新媒体为多元文化对接带来机遇和挑战

新媒体在实现文化传播的过程中需要具备一定的前提条件，也就是说，文化传播的过程需要具有一定的共享性，新媒体在沟通中具有良好的互动性、用户友好性和操作便利性。人们使用新媒体进行文化交流，对于促进信息传播发挥了重要作用。

新媒体根据市场规则实现更加快捷的文化传播，使文化传播的效率更高、范围更广、时间更短，无疑是一种非常有效的沟通手段，能够很好地满足人们日益增长的文化需求。目前，社会文化正在不断发展和变化，新媒体也随着时代的发展而改变，其传播方式也将更加直观而形象。

三、提升新媒体在文化传播中作用的根本途径

（一）加大新媒体的运用和开发

在社会快速发展的条件下，人们的文化交流观念逐渐转变，公众对文化和审美要求与传统有所不同，所以在文化传播中必须有效利用新媒体和高科技，及时创新文化形态，促进文化传播，由此产生新的文化互动，在特定情况下实现新时代的文化高度创新，不仅扩大了文化在民众中的影响力，也增添了文化互动的活力。因此，要把高端技术作为文化传播和建设的主要手段，明确高新技术在文化交流领域的重大意义。

过去，新闻的出现大都是基于个人的采访、处理、成文来描述新闻的事实报道，如今在大数据的背景下，新闻制作也利用该技术进行准确的新闻报道。依据数据挖掘的新闻内容，相对于依靠记者个人的专业素养进行的观察和调查，将会更有深度、更加准确，可信度也更高。通过大数据生成的新闻通常会给用户提供耳目一新的信息图景。

（二）在文化交流渠道中科学合理地配置新媒体资源

在文化交流渠道中，需要及时更新交流手段，运用智慧型新媒体，有效地促进文化创新方式，从而将经典文化转化为职能文化。文化传播必须加强新媒体配对，在各行各业中有序地安排新媒体，使现代新媒体呈现出独特的灵活性专长方式。在这个过程中，我们必须要注意节约成本，实现可持续的文化传播之路，降低文化企业的创业成本，比如微博、微信等新媒体，其应用成本低廉，是重要的绿色文化传播手段，将能够保护整个文化产业的长远发展。

（三）利用技术力量，加快文化传播资源整合

在文化交流中，科技创新是不容忽视的重要动力。因此，在促进文化交流的过程中，要以创新精神为基本切入点，积极创新技术力量，促进新型文化媒体产业的出现，并衍生

出整个文化的产业链。在文化传播的升级过程中，必须有效地延伸文化产业的发展空间，这可以增加新媒体技术的应用范围，促进文化生产方式的转变，积极拓展文化传播营销的方式，进行传播方式的创新，更好地将新媒体应用于文化传播及提升的过程中去。

可以看出，随着移动社交媒体的快速发展，知晓信息的方式已经变得多元化，以前只靠报纸了解信息，现在则可以通过各种新媒体信息平台获取所需资源，经典纸质媒体不再是主流，因此，国内外纸质媒体都开始向新媒体转型。在新媒体中，特别是微博、微信等通信媒体交互软件得到了广泛应用，国内纸质媒体的转型都结合了新媒体的传播形式，新媒体对文化传播具有重大影响，对提高文化传播效率具有非常重要的作用。因此，新媒体是现代文化体系中的重要组成部分，在文化传播中具有特殊地位，为社会文化传播提供了充分的活力和持续的动力。近年来，随着传播技术和信息媒体手段的迅速扩张和发展，新媒体在进行文化传播时，应当根据实际情况，巧妙灵活地运用新型传播方式不断促进文化在更大范围内广泛传播。

三、新媒体时代下中华优秀传统文化传播的优化措施

(一) 新媒体时代下中华优秀传统文化传播的变革

1. 改进传播方式

中华优秀传统文化跟随历史发展的脚步，在代代扬弃的过程中实现了文化精华的积累与沉淀。中华优秀传统文化传播由最初的口口相传，到图文传播，再到近现代的声画传播，均以单向输出的线性传播为主。在新媒体广泛普及的当下，信息传播方式从单向变为双向互动传播，从线性变成多维度传播。新媒体参与主体具有信息的传播者与接收者双重身份，在新媒体时代下传播中华优秀传统文化，受众既接收文化信息，又成为二次传播主体。这进一步扩大了中华优秀传统文化的受众范围，并且打破了传播壁垒，使受众能够参与到优秀传统文化的传播与构建中来，增强受众对传统文化的感知与理解，促进受众对传统文化的认同与接纳，使民众树立民族文化自信，自觉承担起传承与弘扬中华优秀传统文化的重任。

2. 拓展传播渠道

回顾中华民族优秀传统文化传播历程，传统的文化传播渠道存在传播覆盖面有限、传播时效性不足等缺陷，制约了受众对优秀传统文化的感知与理解。新媒体时代，先进的网络化、信息化技术的发展，使得信息实现了即时传播与广泛覆盖，只要有网络，人们通过

一部手机就可以实时获取信息。在此背景下，中华优秀传统文化传播渠道进一步拓展，每一位传播主体都可以通过自媒体平台对传统文化进行实时传播。例如，人们在体验特色传统节日、感受传统民俗文化的过程中，将利用手机拍摄的照片、视频实时上传至网络，就完成了一次传统文化的传播。同时，传播主体还可以借助新媒体平台的交互性，实现实时的互动交流，使传统文化时刻处于动态的传播过程中。

3. 变革传播特点

传统媒体传播模式下，中华优秀传统文化传播具有传播主体专业化、传播形式单一化等特点，在传统文化专题性、系统性传播中具有优势。新媒体时代，传统文化传播主体多元化，呈现出去专业化特点，传播形式丰富，呈现出多样化特征。新媒体平台中，每个人都是优秀传统文化传播的主体，通过上传图文、视频等传播自己关注的文化内容，并表达自己的文化观点。因此，新媒体时代下中华优秀传统文化传播表现出个性化特点。随着社会变革，信息传播呈现出碎片化特点，信息传播的整体性被打破，优秀传统文化被分割成众多的文化碎片，以供人们在碎片化的时间接收信息。新媒体时代，人们能够对优秀传统文化传播内容自行筛选，并进行二次创作，推进传统文化传播内容的创新性转换，使其与受众心理更加契合，提高受众信息接收效率，促进优秀传统文化的人格化生产。

（二）新媒体时代对中华优秀传统文化传播的重要作用

1. 优化中华优秀传统文化传播结构

新媒体实现了传播技术手段的融合，同时实现了传播理念与内容、文化的转换，构建了文化传播多维度、多层次结构，使优秀传统文化传播结构得到优化。具体来说，在传播理念方面，新媒体在融合大众媒体优点的基础上实现了发展。在优秀传统文化传播过程中，新媒体既关注文化经典的整理与文化深度的深入，重视传统文化传播的知识性、准确性及其在社会实践中的重要价值，同时又可以借助新媒体传播的高效性、便捷性、趣味性等优势，扩大受众范围，吸引受众注意力，提高优秀传统文化传播深度。新媒体时代，优秀传统文化传播构建了权威性与趣味性融合、兼顾完整性与针对性的传播结构。在传播内容方面，新媒体传播可以把传统媒体对优秀传统文化的深度阐释作为传播资料，进行创新性转换后利用新媒体平台进行传播，进一步拉近优秀传统文化与受众的距离，使优秀传统文化渗透到人们的生活中。

2. 扩大中华优秀传统文化影响空间

新媒体传播具有广泛性、时效性的优势，提升了优秀传统文化的传播速度，实现了多向互动传播，扩大了优秀传统文化传播的影响空间。虽然新媒体碎片化传播致使中华优秀传统文化传播内容的完整性受到一定的影响，但是其具有传统媒体传播不可比拟的海量性、瞬时性以及互动性，能够激发受众兴趣，吸引受众注意，扩大中华优秀传统文化的影响空间。面对全球不断向互联互通发展的未来趋势，新媒体将是中华优秀传统文化向外输出的重要渠道，能够向世界全方位展示中华民族五千年的优秀文明。

第二节　新媒体对人类生活的影响

一、新媒体对人类生活的积极影响

20 世纪 90 年代以来，随着互联网、数字技术的飞速发展，新媒体深深地影响着人们的生活。早上，人们打开微博，所有关心的人与事的动态都会了然于胸；坐下来看看手机信息和电子邮箱，就能获取生活和工作上的绝大多数信息；走在街上，人们会看到各种电子屏幕上的资讯。手机、平板已经成为人们必不可少的"生活用品"，一旦缺失就会宛若脱离了社会一般浑身不自在，这或许就是新媒体的力量。在新媒体时代，人们可以从网上下载资料、了解资讯、发表观点、找到拥有同样兴趣爱好的群体，为生活带来了诸多积极影响。

（一）不同的媒体方式拥有不同的时空倾向

"太阳底下无新事"，我们可以研究一段较长的历史来观察新媒体对人们生活的影响。传播史告诉我们，新媒体是相对于旧媒体而言的，它是个相对的概念，每个时代都有自己的"新"媒体，以及由此产生的新的文化政治。文字的产生相对于结绳记事来说是新的，雕版印刷相对于竹简刻写是新的，金属活字印刷术相对于手抄和雕版印刷又是新的，所以，研究这个"新"字，必须要从历史的角度进行全面解析。

中国晚清时期，由于金属活字印刷技术的大规模应用，整个社会的印刷能力大大提高（包括雕版印刷），出版了大量报刊和书籍。陈独秀、胡适等人不仅以《新青年》为阵地，还在《安徽谚语》《中国白话报》等白话报刊上宣传平等、民本的理念。这些白话报刊奠定了中国下层社会对新文化的认知空间和社会基础，形成了中国 20 世纪初传播方式与文化形态之间的联系。也就是说，在这个基础上实现了中西文化的交汇，形成了形而上的价值观和道德、民本、平等、自由的概念，建立起 20 世纪中国社会的基本文化价值结构。

图像和声音相对于文本传播是新的传播形式，电视是相对于电影也是新的传播媒体。20 世纪初，媒体的发展特点是以图像和声音的多样性为标志的，动态图像的出现、移动声音的出现、媒体的娱乐和商业功能等，都显示出与图书报刊等完全不同的景观。

在这个意义上，我们今天感受到的革命性变化，不仅是内容本身，我们的不满和不适不仅是因为"知识停滞不前"，更是源自媒体本身的特点，是一种对不同于以前的文化取向和价值判断的选择。加拿大传播学家指出，不同的传播媒体本身是有倾向的，新媒介的出现意味着新文明的诞生，传播的偏向重构了事物的时空关系。他提出，相对厚重的介质不容易生产、比较耐用、不便于运输、不容易被破坏、空间传播受到限制，但流传时间会相对延长。与此相对应，相对轻便的介质比较容易生产、易于运输、易于扩散、容易损坏、保留时间短、传播空间比较广，但信息的重要性会受到质疑。例如，同样的事情，记录的形式不同，表达的价值和意义显然是不一样的。

（二）新媒体带来社会组织和文化认同的变化

从表面来看，新媒体首先体现出传播速度快。无论文件多大，转化为数据包以后，通过信息高速公路，无论天南海北，只要数据通信所及，就可以瞬间传输。并且随着技术的不断进步，只要有需要，这个速度还会不断加快。

新媒体本身的功能形态也变化迅速，是一种具备创新形式的媒体。这种创新形式就在于人们喜欢什么，它就是什么，非常人性化：固定电脑太大，就出现了笔记本电脑；笔记本电脑太重，就出现了上网本；上网本的功能太单一，就有了平板电脑。

新媒体的又一个显著特征是它的互动性。在传统媒体时代，信息的发送者和接收者之间泾渭分明、单向传递，但是在多媒体时代，其最大的特点就是互动。发布在论坛上的帖子没有人顶，微博没有人转发，这与没发送并没有什么不同，是没有意义的。

正是因为新媒体需要大量的追随者，所以参与的门槛比较低。只要接受网站的基本操作条款，任何人都可以注册成为用户，发布信息和想法。印刷时代文章作者"发表"的意义消解，以作者为中心的时代终结，网络平民的时代来临，主次尊卑秩序彻底改变。因此，我们可以想象，当关注者比写作者更为重要的秩序确立以后，大量作家依靠写作来谋生、拿稿费的时代可能就将结束。

当我们开放视野，看到理论与历史的变化时，就要讨论新媒体的文化特征及其与当今经济运行和社会组织变化的关系。新媒体改变了日常生活的经济运行模式。新媒体重新启用和光大了"长尾"销售理论。不难发现，现在最广泛的经济模式不是一单赚很多，而是每单都很小但有很多单。显然，这种经济模式的特点与受媒体影响的人口的广度有关，它强调的是量而不是质。因此，新媒体"小额支付"和"微观经济"的特征并不是对传统意义上薄利多销的简单应用，而是依靠扁平、广泛的群体，多次反复销售来实现。在不断扩大的市场和消费逻辑的支撑下，通过大量"微观经济"和"小额支付"的积累，继续生产简单易耗的消费品，淘宝商城、移动通信、团购网等大型用户经济体的盈利逻辑就在于此。

广泛使用新媒体也在一定程度上改变了这个社会的文化和政治运作。随着社会和政治领域的变化、主次地位的变化以及经济运行方式的变化，无数的"沉默的多数"开始进行尝试。媒体是人类的延伸，言语交流产生的文字信息和微博传播会形成更大的社会力量。每个人都转一个，可能就像滚雪球一样，凝聚成为强大的舆论力量，通过这种聚合效应，新媒体突出了碎片化的人际传播力量。社会动能也因此受到启发，成为社会力量的重要一支。中国的很多信息首先在新媒体传媒中出现，传统媒体跟进、扩大和加强，继而构成社会舆论，最终影响社会管理。新媒体也成为政府沟通民情、提高社会管理水平的重要渠道。

（三）云计算技术促生了云传播和云媒体

云计算是一种基于互联网的超级计算模式，其应用思想是将数万台计算机和大型服务器集群计算能力分散到大型网络并连接到远程数据中心，形似一片电脑云。本地计算机只需要通过互联网发送需求信息，远程将有成千上万的计算机提供必要的资源和结果并反馈到本地计算机，如此一来，本地计算机几乎不需要做什么，全部处理都是在云计算提供商提供的计算机组群中完成。

首先是云传播的概念。传统媒体和传统互联网拥有点对点、面对面、点对面等多种传播方式，云传播的特点是简化了传播模式，只存在"云"到"端"的模式，即 C2C（云对客户端）。在"云"的层面，人们可以建立信息云、新闻云、视频云等巨大的数据库，同时确保各种云的通用和安全；在"端"的层面，可以让用户享受定制服务，为用户提供个性化内容，在用户中构建操作编辑共享通道。

其次是云监控。互联网多点并发、频繁互动的传播特性使网上内容几乎在完全失控的状态下被迅速变异和再传播，要想充分、快速地掌握网上传播的态势，可以利用云计算对网页浏览的原始内容进行分析，对论坛、微博、SNS 社区的所有再传播内容进行实时监控，锁定特定的媒体或具体的传播人，进行实时检测。

再次是云编辑。云计算和云存储使得信息的接入成本几乎可以忽略，媒体获取信息之间的时差也降到了最低。信息不是媒体竞争的主要目标，而针对信息的独特解释、重新整合和编辑则成为了媒体胜出的关键。内容制作过程发生重大变化，"每个人都是传播者"＋"云计算"的理念将彻底改变媒体从业者的分工和组织内的工作重点。

最后是云端媒体。传统媒体转型新媒体受到既有的发布流程、业务归口和频率分割等诸多因素的限制。进入云计算时代，媒体不必重复购买服务器、终端设备，复杂的内容分发和多媒体演示以及复杂的用户定制和广告细分将在"云端"处理中完成，云端媒体将在"云计算"这个全新平台上轻松实现。

(四) 新媒体内容呈现视频化趋势

如果中国互联网的第一个十年以图文形式发布的网络内容，那么接下来的十年将是网络视频的时代。在线视频的发展一方面取决于互联网基础设施的输入和高速带宽的铺设，另一方面取决于用户浏览习惯的自然变化。与静态呈现的文字网络相比，网络视频具有全感官触动、可控性播放和多样化内容等特点，更容易赢得用户的青睐。国内外数据显示，新媒体的内容正在从图形变为视频，在线视频将成为用户访问新闻、信息和娱乐的重要渠道。

除了新媒体内容整体呈现视频化的趋势外，用户在消费视频内容方面也在变化。网站视频节目一般包括影视剧、播客分享、传统电视和自制节目四个方面。过去，用户以观看前三者为主，特别是影视剧，主要网站以购买版权同步或提前播出吸引用户。

但随着版权采购成本的增加和用户需求的多样化，视频网站开始打造自制剧、纪录片、科教片等一般时长在 20 分钟内的视频，这种微视频已成为新媒体内容的新的发展方向。

(五) 人类信息进入整合式传播时代

从目前的新闻网站和整个互联网的生态环境可以看出，存在内容及渠道的过剩和稀缺的悖论。内容方面，来自用户的复杂、大量的信息造成了新闻内容的过剩，但同时每个人面临着浩瀚的互联网都感到无所适从，高品质、专业化、个性化的精品内容非常稀缺。渠道方面，除了传统的报刊、图书、广播、电视等媒体以外，还有网络、手机、移动阅读器、平板电脑、楼宇电视、车载电视、电子书等新媒体，多元化的渠道背后也意味着渠道的过剩，同时也表明了有针对性、高效率的渠道的稀缺。

新媒体创造了新闻的生产、供应、销售多元化的生态环境，也把用户带入一个过剩和稀缺并存的焦虑的社会环境。但是，新媒体的力量就在于，它能够因为新技术的应用而产生问题，而又能够借助新技术来解决这种问题。在当前互联网生态学的背景下，SoLoMo

模式就是一条有效的途径，也是新媒体进入整合式传播的必然选择。

So、Lo、Mo 是社交（social）、本地（local）和移动（mobile）的缩写，因此，SoLo-Mo 则是社会、本地和移动三个概念的结合，目前应用于网络营销和商业模式的变革，这种模式也同样适用于新闻传播和科学交流，可以形成一种基于内容本地化、形式社交化、获取移动化的整合式传播。在移动状态下使用零碎的时间浏览互联网交换或享受网络服务，将成为未来新媒体的发展趋势。为了节省时间和成本，提高网络使用效率，每个用户将更加依赖于自己的兴趣爱好，关注与自身类似的社交圈子，更加关注与自己相关、与生活贴近的当地群落，而新媒体传播也将自然而然地根据用户的真实社交关系和地理位置推动更准确、更有价值的信息。

二、国家对新媒体的管理

（一）新媒体管理的经验

1. 加快新媒体立法

中国是世界上少数几个将互联网融入法治的国家之一。但是，由于世界上没有统一的互联网法治环境，网络发展迅速，发布的法律法规落后于互联网的发展，许多规定过于普遍，总体上缺乏机动性。应该在新媒体立法上进一步扩大法律监督的范围。从新闻媒体管理的范围和内容的角度出发，研究制定新媒体管理专项法律，对新媒体的行为和言论进行明确规定。同时，推动新媒体衍生领域的相关立法过程，完善法律制度，为新媒体的发展提供更加完备的法律依据。

2. 严格日常监管

现实生活中一件看似微不足道的小事，很有可能在新媒体上掀起轩然大波。面对纷繁多样的新媒体服务模式，政府机关应当建立和完善新媒体舆情的采集、判断和反应机制，对重点网站、热点问题进行全天候监测，准确把握舆情脉动，为引导舆论和正确决策提供科学依据。加快新媒体技术的研发，加强技术监督平台建设，提高技术保护能力，加强新媒体管理的有效性。及时跟进各种新型媒体服务模式，不断完善制度措施，规范新媒体传播秩序。前移管理关口，加强基础管理，形成健全的管理体系。

3. 加强专项整治

抓住网络暴力等突出问题，对"网络水军""网络推手""灌水公司""删帖公司""投票公司"等采取的非法新媒体"公关"行为，坚持多管齐下、多措并举，深入开展集中治理行动。抓住关键环节、关键领域、切断利益链条、切断幕后黑手，查办处理一批重大案件，形成威慑效应，有效规范新媒体传播秩序和"公关"行为，坚决遏制新媒体传播不良信息，为经济社会发展创造良好的媒体环境。

4. 完善新媒体伦理规范

鉴于新媒体的特性，实行绝对的、完全的监控几乎是不可能的。因此，加强新媒体的道德体系建设，提高新媒体行业自律意识是非常重要的。适应新媒体技术和服务风格的发展需要，发挥新媒体行业协会的作用，积极发展和完善新媒体伦理，大兴新媒体文明风，加强新媒体伦理教育，推动博客圈典型实践，引导新媒体人士遵守职业道德，增强自身免疫力。建立健全道德监督机制，预防和调查新媒体不当行为，不断提高新媒体职业道德水平，积极竖立新媒体自律榜样。

5. 提高领导干部的新媒体素养

调查显示，有三分之一的领导干部每天接触新媒体（包括报纸、杂志、广播、电视、互联网等）的时间超过 3 个小时，并且接触网络等新媒体的频率和时间强度都居于各类媒体的首位。然而，个别热点事件却以一种近乎荒谬的方式，揭示了一些领导干部在新媒体素养方面的极端欠缺。所以，必须要让领导干部充分认识到新媒体在现实世界中的重要性，全面提高领导干部的技术素养，把新媒体的相关知识纳入公务员考试和领导干部的选拔和任用工作中，加强新闻传播基础知识和新闻传播法律的学习，培养运用新媒体的能力。同时，要建立健全新闻发布体系，提高新闻发言人在塑造政府形象、开展政府公关等方面的积极作用，满足公众的知情权、监督权和参与权，建立相应的评估反馈机制，提高利用和发布信息资源的针对性。

（二）我国对新媒体的管理对策

首先要改变思维管控，满足社会需要。在新媒体创造舆论的背景下，"广场式舆论"更容易促使人们简单地追随舆论导向，原有的管控方式和思维模式已经不能适应现代社会的治理需求。新媒体创造各种信息、引导舆论，影响社会公众的情感和行为，如果不正确引导，很容易刺激公众的情绪反应，导致事态失控。新媒体时代的社会治理是一个全新的课题，人们关心并调查政府正在做什么，官员面临直接的监督和批评正成为一种常态，僵化的思维会导致完全的被动。新媒体的发展将迫使政府部门改变思想，学习新媒体知识，积极消除新媒体恐惧症，努力避免封堵方法和"鸵鸟"态度。

其次要优化治理模式，完善工作机制。近年来，公共行政环境的复杂性、多样性和动态性日益显著，新媒体催生的公民社会日益壮大，传统政府治理模式面临的危机日益显著。新媒体以更全面、更快速的暴露危机的方式给传统社会带来冲击。舆论危机的产生，既是由于转型社会中的结构性矛盾所引发，又是由于新媒体本身的特点导致的。基于当前网络生态管理的瓶颈，社会管理者迫切需要建立基础管理、内容管理、行业管理、网络犯罪预防等多元联动模式，创新社会化、法治化的综合治理模式，只有政府行政单位之间理顺工作机制，实现专人负责、信息互通、协调联动、综合处置，各种突发事件才能得到及时、高效、合理的应对和解决，舆论工作才能跟上新媒体的步伐，才能适应人们的感受。

再次，要加强法治建设，规范传播秩序。新媒体的管理，有必要考虑社会媒体的发展，也要考虑国家安全和民权保障。我国目前针对新媒体尚未出台专门的法律，一些间接的可依据、可参照的有关法律用起来并不顺手。正如十八届三中全会《决定》中所强调的，如何加强网络法治建设和舆论引导，确保网络信息传播秩序和国家安全、社会稳定，已经成为摆在我们面前的突出问题。在信息聚合与扩散速度不断提高的新媒体时代，各级政府可以在完善互联网信息服务现有管理办法的基础上，考虑以法律、行政法规的形式，建立权责分明的新媒体管理法律制度，理顺行政监管、行业自律、技术保障相结合的管理机制，营造健康良性的网络舆论生态环境，规范秩序传播，加强舆论引导。

最后，促进新旧媒体互动，扩大宣传空间。在许多舆论事件中，互联网和其他新媒体都扮演着为大众、为传统媒体设置议程的角色，特别是在传统媒体由于种种原因缺席或反应缓慢的情况下，它们常常担当先锋的角色，成为互联网用户自发爆料和集结舆论的平台。在新媒体时代，以前的议程设置理论基于现实有所修正，只要选对突破口，新旧媒体互相借力，就可以借助新媒体的优势，扩大互动空间的覆盖面，把观众接受信息和接受导向的过程融为一体，不仅提升了报道的价值，也满足了人们的深层需求，这将是优化政府治理模式、重建积极舆论的自主性和传播力的一味良药。

如今，网络已经成为我们生活中不可或缺的一部分，我们应该正确应对网络对人的负面影响，同时采取一些措施来控制新媒体的负面影响。

要积极运用新媒体的先进性，倡导文明上网。利用新媒体的先进性宣传如何树立健康积极的社会价值观，杜绝不良信息的传播。加强网络道德教育，促进网络文明建设，培养人民群众分辨是非的能力，形成正确的道德观念，预防网络犯罪。加强引导和制止网络恶搞、网络暴力、人肉搜索等情绪化、非理性的行为。

要依法治理垃圾信息源头，保护手机用户的隐私权。加强移动信息的安全性，确保人们的个人权益不受侵害。通过立法，确定垃圾短信及邮件的公民民事责任，规定短信广告主、短信广告发送的代理人和电信运营商必须肩负起社会责任，采取措施禁止和杜绝手机垃圾短信广告。规定企业只能向愿意接收广告信息的人群发送，禁止盲目群发广告短信的行为。

要完善网络治理，构建和谐的网络环境。国家应建立专业技术队伍，向公众介绍流行病毒的形式及防治办法，让广大网民有据可依。就个人而言，应当在电脑上安装防病毒软件，定期升级防火墙，为自己的电脑设置密码，警惕病毒的侵入，不点击未知来源的邮件和广告，对于移动硬盘，使用时先杀毒再打开。公安部门应对制造病毒的人员进行重点查处和严厉打击，制定相应的安全规定对这一新兴媒体予以规范。

综上所述，新媒体在为人们的生活带来极大便利的同时，也不可避免地给人们的思想、学习、工作、生活、社会稳定等方面带来了一系列负面影响。针对这些负面影响，我们应当从用户自身、法律法规和社会道德等领域采取有效措施，为新媒体的顺利发展营造健康、可持续的发展环境，最大限度地减轻其负面影响，扬其长而避其短，让新媒体更好地服务于我们的生活，真正实现它的价值。

三、新媒体时代优秀传统文化传播路径

(一) 建设传统文化电子数据库是文化传播的新载体

互联网时代，中国传统文化的传承要跟上时代发展的步伐，要依赖新媒体进行传播、普及和弘扬。几千年来传统文化传播的方式都是依靠纸质媒介，通过传统购买和阅读来完成的。新媒体时代，将中国传统文化转化为数字化存储方式是革命性的变化。国家图书馆启动的"中国基本古籍库"项目，目的是把纸质媒介存储、转化为数字，建立数字化数据库，可以说是具有开创性意义的工程。中国传统文化数字化建设项目共分20个大类，细分100个子录，涵盖哲学、社科、史地、艺文等学科。先后，将自先秦时代开始，直至民国年间历朝历代经典文本典籍1万余册通过电子扫描，实现了纸质媒介存储方式到电子数据存储方式的转变。据不完全统计，文字资料可达20亿字，图像资料累计超过2000万页。电子存储内容总量是《四库全书》的3倍。中国传统文化数字化工程是一项努力实现中国优秀传统文化资源网上运行传播的系统工程，馆藏模式体现着其核心理念。终端是建设一定数量规模宏大的、地域上分布广泛的、可以实现跨库检索的数字化文化信息资源电子库。中国传统文化数字化工程建设涵盖了中国传统文化方方面面的内容，用数字技术重现中华五千年的灿烂文化和当代文化建设的伟大成就。数字化数据库是网络传播中华传统文化的重要媒介和平台。

（二）数字化出版是传统文化传播的新方式

在中国优秀传统文化数字化存储的同时，磁介质的电子出版物兴盛发展起来。伴随数字出版技术的发展，新媒体的出现，数字化技术模糊了图书、报纸、杂志、电视、音乐等传统媒体之间的界线。中国传统文化的所有内容经过数字化转换，都能够图文并茂地在相应的终端电子设备上表现出来。方便、快捷，便于携带和阅读的优势使以电子介质为载体的电子出版物成为传统文化传播的新宠。电子出版物在版权许可的范围可以在最大范围内销售，也能够成为电视、计算机网络资源的原点。

（三）通俗化传播成为传统文化传播的新手段

新媒体受众群体的阅读特点和接受习惯，要求传统文化的传播方式要有所改变。传统文化不再是高高在上的"阳春白雪"，通俗化传播成为传统文化传播的新手段。通俗化传播就是采取通俗的方式来满足普通文化层次观众对传统文化的需要。通俗化传播是充分考虑到现实社会中的传统文化生存环境和社会大众的接受水平，采用大众所喜闻乐见的方式进行文化普及和传播。由于时代的发展，《三国演义》《红楼梦》这样的经典著作对于普通大众而言，晦涩难懂。通俗化传播就是将这些典籍翻译成通俗易懂的白话文，成为人人可懂的现代读本，实现手机终端网络阅读。电视、网络媒体播放则是采用学者真人秀的形式，通过学者幽默风趣的讲解，使晦涩难懂的古籍变得通俗易懂又趣味横生。抑或是以电视、网络为平台，采取诗词、典故比赛的形式，将古代历史事件和人物，演变成故事，通过网络或电视使原本束之高阁的历史传统文化惠及大众，让人们在竞赛的刺激中，在故事讲述中去了解历史。另外，传统的蒙学读物则是以动漫的方式，把瀚如烟海的古代励志的典故和劝诫故事展现出来，寓教于乐，从而实现蒙学教育的现代化转变。综观这些以弘扬传统文化为宗旨的电视节目，《百家讲坛》无疑是其中成功的典范。

中国传统文化对于普通大众和新媒体使用者而言，是熟悉的陌生人。说熟悉是因为中国传统文化经过岁月的沉淀已经内化为民族文化心理，大家从小耳濡目染，或多或少都接触过中国传统文化的知识，对于传统文化有所了解，但又缺乏深入、系统的研究，与传统文化渐行渐远。《百家讲坛》节目将深埋在历史长河暗处的中华文明瑰宝挖掘出来，接续了传统文化，并以大众能够接受的方式进行传播，激发普通民众学习中国传统文化的兴趣。《百家讲坛》节目火爆，不仅是借助传统文化热之势，更是巧妙地运用电视、网络的平台，以通俗化的方式延续传统文化，成功地让传统文化在电视网络中的传播实现向现代化的转化。

中国优秀传统文化传承的意义不是让传统文化高阁在书斋中吸收年轮的气息，而是在于我们如何在更大范围内汲取中国优秀传统文化中的德育资源，构建社会主义道德大厦。

第三节　新媒体时代传统文化传播路径

一、网络时代，中华优秀传统文化的传播机遇

（一）受众群体进一步扩大

在新媒体出现之前，传统文化基本上是通过书籍传播，中华优秀传统文化的受众往往局限于知识分子或对传统文化有所研究并感兴趣的人群，年轻人和普通群众对优秀传统文化都有一定的距离感，接触中华优秀传统文化的机会较少，这种情况也在一定程度上限制了中华优秀传统文化的传播。

与传统媒体行业萎缩、受众流失的现状不同，新媒体凭借其自由和开放的特点，可以最大限度地扩大受众覆盖范围。同时，新媒体还拥有良好的受众基础，随着手机运用的普遍化，新媒体受众近些年来不断增多，演变成了庞大的受众群体，新媒体受众群体在年龄和地区方面也分布得更加均匀，以往中华优秀传统文化所缺失的年轻受众则逐渐成为新媒体使用的主力军。因此，将新媒体作为中华优秀传统文化传播的新平台，不仅能提供更加庞大的潜在受众体量，让更多受众参与到传统文化的学习、继承和弘扬中去，也能在很大程度上实现受众群体的优化，使群众特别是年轻、基层群众与传统文化隔膜、断层问题得以解决。

（二）传播主体更加多元化

新媒体是基于 Web2.0 时代的产物，在 Web2.0 的导向下，新媒体平台的主要角色从网站变为用户，原先新媒体平台主要靠专业网站团队进行营运和输出，而现在则主要通过个体的内容输出支撑平台的运营，内容生产的模式也从专业组织、严格把关的制度化生产，转变为现在的"自媒体"模式下的个人把关生产，即从专业生产内容（PGC）扩展到了用户生产内容（UGC），像微博、抖音这种由用户上传的图文、视频等内容而构成的网站则被称为 UGC 网站。新媒体的出现，让传统文化的内容生产扩展到了整个社会，形成了 PGC 与 UGC 共同发力，实现了传播主体多元化的格局。

在互联网上，每个用户都是传播的节点，个体的影响能够被有效地放大，同时每个人又与其他人相关联。"强连接"用户指的是与他人有着较高关联度的用户，"弱连接"用户指的是与他人关联度较低的用户，但这二者都有可能通过网络上的互动产生对他人的影响。用户还会将网站上好的内容分享到其他社交平台，拓宽了传播渠道，吸引其他社交平台好友对内容的关注，能够使传播范围呈指数级扩大。

新媒体的出现，让中华优秀传统文化的内容创作变得简易化、便捷化，降低了传播者的参与门槛，为中华优秀传统文化的传播扩宽了渠道。在互联网上每个人都是传播的多元参与者，具有受传者和传播者的双重身份，都可以参与到中华优秀传统文化的二次创作和传播中，这也使得与传统文化有关的优秀作品越来越多，丰富了中华优秀传统文化的传播内容。同时，在网络上积极开展与传统文化有关的创作活动，可以提高受众主动参与传统文化传播的积极性，在参与的过程中增进对中华优秀传统文化的认同感。

（三）传播手段更加丰富化

随着互联网的发展以及网络带宽的改善，网络上的传播手段变得更加丰富，网络的多媒体化开始得到重视和运用。从初期对多媒体的运用还局限于单一的手段，文字、图片、音频和视频都是分割的，到将多媒体组合运用，延伸出图文组合、文字与音频视频组合等多种形式。除此之外，在网络上可以给中华优秀传统文化提供传播的途径也非常多，H5页面、Web网站、客户端、微博、微信朋友圈、微信小程序等都是可以进行中华优秀传统文化传播的渠道，且每个渠道都有其各自的优势以及相对固定的受众群体。

在新媒体下，中华优秀传统文化的传播可以不再限制于书本阅读、课堂传授等固定的传播形式，通过结合新媒体与传统媒体二者在传播手段上的优势，让传播变得更加灵活。同时在新媒体下，传播手段借助新媒体技术不断更迭演进，让人们能通过不同传播方式的运用对中华优秀传统文化进行重构，用不同的传播手段如音乐、短视频等对传统文化进行包装，让传统文化寓教于乐，使中华优秀传统文化变得更加生动、更加接地气、更能被大众所接受和喜爱。

二、传统文化节目在新媒体时代的传播策略

（一）新媒体时代给传统文化节目带来的优势

由于新媒体的出现，受众改变了以往信息接收和传播的方式，同时还给广电传统文化类节目带来了难得的发展机会，传统文化类节目只有把握住这次变革带来的机遇，才能更

好地将传统文化推向世界，推向一个新高度。

1. 为传统文化的传播带来了机遇

传统文化源远流长，上下几千年的传承，是中华民族重要的精神食粮，更是用后人的家族财富，一代又一代的中华儿女在传统文化的影响下，创造了一个又一个的历史。但是随着生活和工作节奏的加快，许多珍贵的传统文化逐渐被人们抛在了脑后，这归根结底就是传统文化的推广不足。伴随着传统媒体收听收视的下滑，导致传统媒体的文化辐射大不如前。新媒体恰好相反，年轻人已经成为新媒体时代的信息消费主体，用更趋年轻态叙事的表达方式和更符合市场规律的叙事方式成为传统文化类节目寻求的突破与创新的选择。只有借助新媒体的发展，把传统文化节目的主要宣传场所由传统媒体转向新媒体，以更加新颖活泼的方式，打破次元壁垒，吸引更多年轻用户，才能让传统文化焕发出新的活力。

2. 提升了传统文化传播的准确性

以往的传统文化传播都是类似于广播、电视上的公益、文化宣传类的节目，它的对标人群和时间都没有办法得到保障，这就是传统媒体的缺点。然而新媒体的一大优势则是可以精准地投放内容，针对时间节点、人物分析、职业分析、性别分析制定出符合其特性的宣传内容，呈现在观众面前，最大程度降低了观众的厌烦态度。同时针对这些用户，记录下其喜爱、空余时间，就能更加精准地投放传统文化的核心内容，让文化的传播真真切切落实到每一个用户的心里。

3. 使传统文化传播变得多样化

多样化的展示和播放想要传达的内容，也是新媒体的一大优势。而传统媒体的表现形式单一是使得传统文化传播受阻的重要原因之一。自从人们获取资讯的方式由最初的报纸到后来的广播、电视为主要媒体的形式走进千家万户的时候，文字媒体已经进入了影像时代。这个时候的转型，由文字转换成影像是十分恰当的，取得了十分显著的效果。随着岁月的沉淀、时间的滑走，传统媒体又迎来了一次重大转型，广播电视的年代已经越来越远，新鲜事物的发展也在慢慢变化。因此传统文化的传播也需要顺应潮流，紧跟时代的步伐，利用新媒体的多样化形式的展示来传播传统文化。

（二）传统文化节目在新媒体时代的传播路径

传统文化类节目历来是广播电视节目发展的重要领域。随着观众欣赏水平和品味的提升，传统文化类节目创新难问题日益突出。在互联网新媒体时代，想要中华传统文化更好的传播，就必须学会接纳新鲜事物的兴起，运用新思路打开局面。

1. 加速融合传播，实现广传播

对相关数据调查发现，移动社交媒体是新媒体中被人们使用率最高的工具。微信、微博、抖音、快手更是个中翘楚，拥有最庞大的用户群体。对传统文化传播而言，这样的阵地和机遇是不允许错过的。这些社交平台具有极强的口碑传播能力，这个能力正是传播传统文化迫切需要的，只有抓紧占领这个移动社交阵地，才有机会把传统文化推向一个新高度。

根据这些新媒体平台的特点，传统媒体可通过借助与新媒体平台的深度合作，以账号入驻、内容同创等形式打造传统文化传播的新路径。2021 年，10 家卫视春晚与快手开展了大规模多形式的合作，通过创新宣传方式、文艺内容共创和推广等手段，真正实现了大屏小屏联动，增强了中华传统文化的传播效果，提高了传统文化在年轻群体中的感染力。

此外，用互联网思维进行传播对于内容小众、有一定观看门槛的文化类节目显得尤为重要。《我在故宫六百年》把网络首播选在了哔哩哔哩，是因 "B 站" 在弹幕功能的催化下，形成了一个全新的纪录片观影场景，在这里更容易找到属于自己的观众，也赋予传统文化更多维度的传播价值。

2. 守正创新，强化内容为王

随着技术的迭代创新，总会不断出现新兴的传播手段、传播渠道，但传播的核心始终是内容，无论是广播、电视、报纸还是新媒体，要占领市场、争夺受众，最关键的还是看能不能源源不断为受众提供优质的内容、有效的信息，积极运用受众喜爱的表现手法、艺术形式，扬弃继承、转化创新，赋予传统文化新的时代内涵和现代表达，使中华民族最基本的文化基因与当代文化相适应、与现代社会相协调，将受众的注意力吸引到自身渠道和平台上来。比如说《中国诗词大会》《国家宝藏》《经典咏流传》等一批思想精深、艺术精湛、制作精良的精品节目等都已成为 "综 N 代"，这些节目的长青秘诀就是找到符合具体文化内容的传播规律，赋予其独特的表达方式，吸引固定的收视人群，以优质的内容、现代化的表现手法继承和发扬了中华优秀的传统文化，让传统文化以新的方式烛照当下。

3. 新技术赋能，年轻化表达

新机遇来源于新技术的赋能。随着新技术的迭代升级，给生产更多、更丰富的文化场景提供了更大、更多的可能。特别是 5G、大数据、人工智能的应用，使原来很多的不可能成为可能。同时，利用新技术实现青春态新表达，让青年人喜爱传统文化，并自觉践行文化传承和文化创新，破圈、扩圈才有机会成为可能。《诗意中国》本季在传播策略上进击年轻圈层，通过创意古风视频、Rap 短视频、AI 苏东坡 "开口" 念诗、H5 互动答题等方式优化用户体验。为苏东坡量身打造的推广曲《饕餮人间》还火到了国外，令节目成功出圈、出海。全网赞爆的《唐宫夜宴》，也是用新媒体手段包装传统舞蹈，节目利用5GAR 技术，将虚拟的场景和现实的舞台相结合，虚拟背景又展示了"妇好鸮尊""莲鹤方壶""贾湖骨笛""捣练图""簪花仕女图""备骑出行图""千里江山图"等七大国宝，动感、时尚、国满风紧贴年轻人的审美，用现代化技术演绎了传统文化。

三、网络平台，中华优秀传统文化网络传播

（一）构建完善的中华优秀传统文化产业链

新媒体环境下的中华传统文化，可以借助网络平台，构建传统文化产业链，打造传统文化热门 IP。打造好的 IP，首先最关键的是有好的内容，其次是通过衍生产品将好的内容传播出去，让更多的人能够看到。以故宫文化为例，故宫文化在新媒体下，打破传统文化固有思维，积极转变话语，利用故宫表情包配上流行的网络用语，使年轻人能够很快接受故宫文化并愿意深入了解，同时也让故宫文化成为流行文化的符号。除了表情包之外，故宫还相继推出了文创产品、游戏 App、电影等新媒体文化产品，在这些产品中，故宫与时俱进地在传统文化中融入了当下的流行文化，让传统文化具有了鲜活的生命力和鲜明的时代特色，吸引大众对故宫文化产生浓厚的兴趣，打造出了一个成功的 IP，进而构建出一个系统的中华优秀传统文化产业链。

毫无疑问，故宫是一个构建优秀传统文化产业链的成功案例，在新媒体时代下，传统文化的传播将会越来越注重 IP 的价值以及产业链的作用。我们应不断提升中华优秀传统文化的内容质量、技术保障、平台建设和生态效益，打造更多的中华优秀传统文化优质符号，向世界传递中国声音、讲好中国故事、展现中国形象。

（二）促进新媒体与中华优秀传统文化的融合

中华优秀传统文化的赓续和发扬，应当契合当今的时代要求，让传统文化既能坚守立场又有时代特色，促进传统文化创新性的发展，转换传统文化的表达形式，使中华优秀传统文化的表达形式既符合新媒体的传播特点，又能与新媒体完美契合。

中华优秀传统文化的宣传应遵守新媒体的传播规律，创新传统文化传播方式，保证传播的有效性，充分发挥出新媒体的优势，让传统文化的丰富内涵能在新媒体这个媒介上得到充分的挖掘和展现，从而促进中华优秀传统文化的数字化，让传统文化不只停留在纸质媒介的可读上。同时，还可以通过新媒体的数字化呈现变得可听、可观、可感，以多样化

的表现形式诠释传统文化的内涵，提升传统文化的表现力，让受众能在体验和感受中理解、接纳、认同中华优秀传统文化，在网络游戏、电影、微信小程序等新媒体平台中融入传统文化的元素。

在网络平台下，新媒体与传统文化的融合互动构建出传统文化传播的新模式，为传统文化注入时代特色，降低了受众阅读优秀传统文化的门槛，赋予了优秀传统文化新的生命活力，扩大了中华优秀传统文化的影响力和感召力，让中华优秀传统文化更具活力和创意。

（三）　重视网络意见领袖的传播价值

传播学中的意见领袖在大众传播者中发挥信息中介和过滤的功能，具有核心影响力，经常为受传者提供信息、观点或决策建议，对大众传播效果有至关重要的影响。

除了可以传递信息，扩大信息的影响范围，还能引导公众舆论，对主流媒体的议程设置产生影响，因此，重视网络意见领袖的传播价值，有利于增强传统文化的传播实效，可以有力推动中华优秀传统文化的传播和弘扬。网络意见领袖通常是权威的主流媒体以及拥有众多粉丝的个人媒体，在网络上有不少以传播优秀传统文化为内容特点的个人媒体。

意见领袖既不同于主流媒体与受众之间存在着较大的距离感，又不同于普通网民不具有专业领域的深度挖掘。因此，在新媒体环境下应重视意见领袖的影响力，让意见领袖为传统文化带来更多的关注，通过意见领袖建立起受众与传统文化之间的情感纽带，让受众与受众、受众与媒体间都能形成双向多维的互动、沟通和反馈，提升中华优秀传统文化的传播效果。

参考文献

[1] 马景凤. 新媒体艺术设计与中国传统文化的创新融合发展研究［M］. 北京：中国纺织出版社，2018.

[2] 陈定刚. 新媒体时代翻译教学研究［M］. 沈阳：辽宁大学出版社，2018.

[3] 赵子忠，刘若歆. 新媒体与北京产业发展研究报告 2016［M］. 北京：北京邮电大学出版社，2018.

[4] 黄志华. 形象思维的延展全媒体时代广告创意探索［M］. 成都：电子科技大学出版社，2018.

[5] 黄昭文. 数字媒体资产价值传播研究［M］. 北京：对外经济贸易大学出版社，2018.

[6] 耿文婷. 传播学视野下的军旅文化研究［M］. 北京：中国传媒大学出版社，2018.

[7] 张层林. 阅读文化视野与维度［M］. 兰州：甘肃文化出版社，2018.

[8] 张跃，刘翼. 中华大 IP 互联网时代传统戏曲的新生与反思［M］. 重庆：重庆大学出版社，2018.

[9] 陈媛媛. 新媒体事件中知识精英的话语介入与舆论引导研究［M］. 长沙：湖南人民出版社，2018.

[10] 范玉洁，陈艳梅. 新媒体时代设计艺术与文化研究［M］. 西安：西北工业大学出版社，2019.

[11] 韩晓燕. 新媒体环境下优秀传统文化传播机制研究［M］. 北京：经济日报出版社，2019.

[12] 王玮莹. 新媒体时代广告形态艺术的视觉表现与发展趋势［M］. 长春：东北师范大学出版社，2019.

[13] 张洪冰. 数字媒体时代的广播电视技术发展与应用［M］. 长春：吉林科学技术出版社，2019.

[14] 潘瑞芳. 传统文化数字化实践探索［M］. 北京：中国国际广播出版社，2019.

[15] 李莉. 新媒体环境下摄影艺术的发展［M］. 长春：吉林美术出版社，2019.

[16] 田园. 互联网背景下新媒体动画艺术的创新形式与发展趋势［M］. 北京：九州出版社，2019.

［17］林宁. 中国影视媒体与产业发展策略研究［M］. 延吉：延边大学出版社，2019.

［18］刘键. 新媒体视觉艺术设计理论与实践［M］. 北京：新华出版社，2020.

［19］徐晨. 数字媒体技术与艺术美学研究［M］. 北京：北京工业大学出版社，2020.

［20］曹顺庆. 中外文化与文论第46辑［M］. 成都：四川大学出版社，2020.

［21］卜建华. 青年亚文化的时代表征与引导对策研究［M］. 天津：南开大学出版社，2020.

［22］李娟. 全媒体环境下高校思政教育改革创新研究［M］. 北京：北京工业大学出版社，2020.

［23］仲梓源，高贵武. 融媒体主持传播案例教程大系电子商务主持案例教程［M］. 北京：中国广播影视出版社，2020.

［24］范玉刚. 全球文化影响下中国主流文化价值观的建构与传播［M］. 上海：上海交通大学出版社，2020.

［25］余来文，朱文兴，苏泽尉，等. 数字品牌新商业新媒体与新口碑［M］. 北京：企业管理出版社，2020.

［26］郭燕. 新媒体时代体育文化建设研究［M］. 延吉：延边大学出版社，2021.

［27］林刚. 新媒体概论［M］. 2版. 北京：中国传媒大学出版社，2021.

［28］王英姿，周达疆. 新媒体时代下高校思想政治教育研究［M］. 北京：九州出版社，2021.

［29］张龙. 新媒体时代红安红色文化传播研究［M］. 武汉：武汉大学出版社，2021.

［30］郑钊，杨延哲，武宇翔. 现代艺术设计与文化创意产业发展研究［M］. 长春：吉林人民出版社，2021.

［31］刘锐. 新媒体赋权与治理［M］. 武汉：华中科技大学出版社，2021.

［32］黄凤鸣. 2021广播电视加快全媒体转型的研究［M］. 长春：吉林人民出版社，2021.

［33］范钧，顾春梅，楼天阳. 数字时代的新营销人才培养模式与教学改革实践［M］. 杭州：浙江工商大学出版社，2021.

［34］戴砚亮. 融合与建构文化遗产在数字时代的创新设计与传播研究［M］. 北京：中国纺织出版社，2021.

［35］黄永林，阎志，张永健. 新文学评论［M］. 武汉：华中师范大学出版社，2021.